イジメと家族関係

中田洋二郎 編

イジメブックス
イジメの総合的研究 2

信山社

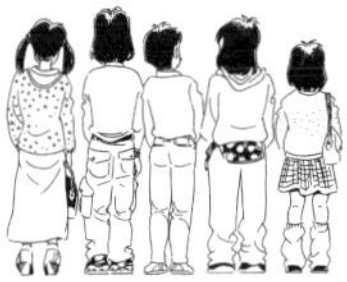

刊行のことば

編集委員代表　作間忠雄
明治学院大学名誉教授　聖徳大学教授

イジメの問題は、遠い昔から生物の世界に存在してきたものと思われる。私たち人類の世界も例外ではない。人類が他の生物に比較して、圧倒的に文明の上で進歩した現在でもイジメはなくならない。そして恐らく将来もなくならないだろう。それにしても現在の私たち日本社会のイジメ現象は異常である。このシリーズの第六巻では「世界のイジメ」について取り上げているが、今日の日本のように学校内外におけるイジメの一般化とイジメによる自殺が多い社会は見あたらない。

さて、イジメはイジメられた子どもを死に追いやるだけでなく、多数の不規則な欠席・保健室登校・不登校・転校・退学などの問題を生んでいるし、イジメの延長といえる殺傷事件を含む非行、その反対にイジメられる子どもがイジメる側に回ったり、イジメに報復したりするという問題も呼び起こしている。「子どもは学校に行って勉強しなければならない」という考えが、子ども自身や親の自発的なものであれば問題ないが、日本のように就学が単に法律で強制されているだけでなく、学校に行かない子どもとその親は「仲間はずれ」になるという考えが強い共同体意識となっている社会で、「学校に行けばイジメられ、殺される」という現象は、まことに「オゾマシイコト」といわなければならないだろう。

これまでイジメの問題は、イジメられる子どもとイジメる子どもの性格や家庭環境などの問題として、主として子どもや親についての心理学・精神医学・家族社会学などの分野で扱われてきた。またその後、学校教育の問題として、知識偏重の詰め込み教育、がんじがらめの校則重視、官僚的な授業や学校経営のあり方など、教育学などの分野でも取り上げるようになった。それら自体は当然の成り行きで、今後さらなる研究の促進と実態の改善に期待したい。

しかし、イジメの問題を考えてみると、例えば、①「なぜ最近、八〇年代以降の日本の社会でいろいろなイジメが急速に広まったのか?」、②「なぜ学校でイジメが急増したのか?」、③「イジメる子ども・イジメられる子どもは家庭でどのように育てられてきたのか?」、④「父母や兄弟たちはどんな生活をしているのか?」、⑤「日本の親や社会は子どもについてどのように考えているのか?」など、問題の所在がどんどん広がっていき、とても対症療法だけでは済まないように思われてくる。

この頃、臨床の医者は、肝臓・腎臓・心臓などの慢性的疾患を「生活習慣症候群」と捉えて、過度の飲酒、偏った飲食、過労、運動不足などの生活習慣に目を向け、患者自身による改善を勧めるようになったという。「元を断たなければダメ」なのである。

ところで昨年の神戸市の少年殺人傷害事件は、その原因が少年の特異な素質や家庭環境などにあると見られ、普通のイジメのように一般化して考えるケースとは違うように扱われている。しかし、もし彼の「行為障害」が、ホラー映画や漫画のヴァーチャル・リアリティ（仮装現実）や家庭・学校教育のあり方に、さらに現在の日本の社会環境に触発されているとすれば、両者はどこか根元でつながっているかも知れない。

ところで今年に入って三月までの短期間に、一方で、①「先輩から大金を脅し取られた」との遺書を残したイジメ自殺が再発した。また、②以前のイジメっ子が逆襲されて、ナイフで一人を刺殺した事件が起き、イジメとナイフがつながった。他方、③叱られた女教師を刺殺する重大事件が発生し、教師を敵視する子どもが少なくない実情が明らかになった。また、この事件以後、まるでナイフが解禁されたかのように、④友人・店員などにナイフを振るう事件が続発し、ピストル欲しさに警察官を襲う事件まであり、さらに、⑤息子二人とその友人が父親を殺す事件まで起きた。すでに小学校低学年から「学級崩壊」が進んでいるとも聞く。これら一連の子どもの「爆発」と「凶悪化」には、教師も親も社会もアッケにとられている。折しも不況・閉塞のさ中、戦後五〇年が空しくなる気持ちさえする。ついに文部省は「少年事件は学校だけでは対処できない」と、警察等との連携を促し始めた。確かに神戸の少年事件は、ヴァーチャル・リアリティの「ナイフ殺人」を現実化したかも知れない。しかし、「キライなことはキライなんだ」、「我慢などイヤだ」と級友をイジメたり、すぐにキレてナイフに頼る子どもが生まれた原因を分析したり、子どもを窒息させ、しかも発散するアテのないいまの「構造的なストレス」を鋭く指摘する意見もある。このシリーズではこれら最近の現象には直接触れることができないが、共通する問題点について基本的な取組みはなされていると考える。

このシリーズの執筆者は、皆このような気持ちで執筆に臨まれている。病気には先ず対症療法が必要であると同時に、予防や再発防止のため生活習慣や体質の改善も重要なように、私たちは少なくともイジメの総合的な診断と治療を目指して、このシリーズに取り組んできた。

もちろん現状では、研究分野によってその到達段階はさまざまであるし、このシリーズの執筆にあたって共同研究を行う時間を多くはとれなかったが、私たちがイジメ現象が一段落したかのようなこの時期に、あえてこのシリーズを刊行するのは、今こそ「イジメの実証的・総合的研究」をまとめておく必要性を痛感するからである。「イラつき」、「ムカつき」、「キレる」子どもたちからのシグナルをどう受け止めるか。このシリーズがその問題提起になれば幸いである。なおこのシリーズは不十分ながら、父母・教師・子どもたちはもちろんのこと、今閉塞の中に囚《とら》われている多くの日本人に読んでもらうために、専門書ではなく、一般向けの気軽に手に取れる本を目指したつもりである。

最後にこのシリーズの各巻の編集を引き受けられた諸先生および執筆された先生方に、また出版について終始お世話になった信山社の村岡侖衛氏に、厚く感謝申し上げる次第である。

一九九八年二月

中田洋二郎編　イジメと家族関係

もくじ

執筆者紹介

中田洋二郎　福島大学大学院教育学研究科教授
国谷　誠朗　元聖徳大学教授
野末　武義　ＩＰＩ統合的心理療法研究所
齊藤万比古　国立精神・神経センター精神保健研究所

カット　与儀勝美

1　イジメと家族

中田洋二郎
福島大学大学院教育学研究科教授

一　学校教育とイジメ

イジメは、人と人が出会い、互いになんらかの関係を結ぶ所ならば、家庭でも職場でもどこにでも同じように生じる。それに、人々の思惑とは関係なしに、どんなに人が互いを傷つけることを避け、心の平安を求めていても生じる。イジメが人の意志に反して生まれることは、心の純粋さがもっとも求められるはずの宗教や信仰の場で、しばしばイジメに似た事件が起きることからもわかる。イジメは、いったん親密な集団が生まれると、いつのまにか黴《かび》のように集団の影の部分にはびこっている。

そう考えると、イジメは人間の本性であり、集団をなして生活するうえで避けられないことなのかもしれない、と思えてくる。しかし、現在の子ども同士に起きるイジメを見ると、普遍的なこととしてのんびりと見過ごしてはいられない。単に子ども同士のもめごとの段階を過ぎ、当事者の自殺や殺傷の事件へと発展しているからである。いまも、深刻なイジメが、放課後の教室や校舎の隅で起きているかもしれない。いや登下校の途中ではもはやイジメとは呼べない陰湿な事件が起きているかもしれない。

イジメは、学校とその周辺でおきる。そのため、それを見過ごした学校や教師の責任が問われ、現在の学校教育が批判される。加熱した受験競争は、たしかに現在の教育をゆがめ、子どもたちの自由な生活を圧迫しているかもしれない。しかし、果たして学校や教育だけに責任があるのだろうか。現在の家族のあり方は、イジメの問題に何ら影響を与えていないのだろうか。この章では、子どものイジメを考えるうえで知っておくべき家族の役割について述べる。しかし、そのことについて論じる前に、現在のイジメの様相を明らかにしなければならないだろう。まず、学校や教室でのイジメの実態から始めよう。

1　学校でのイジメとその変化

子どものイジメは増えているのだろうか。文部省は小学校、中学校、高等学校を対象にイジメの実態調査を実施している。その調査によると、イジメの発生件数は、昭和六〇年度の一五万五、〇六六件を頂点にして、平成五年度の二万一、五九八件まで減少している。しかし、平成六年度、七年度、八年度には、それぞれ五万六、六〇一件、六万〇、〇九六件、五万一、五四四件と再び増加し、平成一一年度まで大きな変化は認められていない。この発生件数の推移を見るかぎり、学校でのイジメが平成六年度から三年間に急増しているようにみえる。しかし、この期間に学校でのイジメが増加したという確かな証拠はない。

統計上の増加は、実際のイジメの数の増加よりも、調査を行う際に「イジメの定義」を変更することによって生じたものである。この一五年間の文部省のイジメの実態調査から浮かび上がるものは、イジメの発生数の変化ではなく、むしろイジメの定義を修正した背景にある質の変化であろう。

文部省は昭和六〇年度の調査でイジメを次のように定義していた。

①　自分より弱いものに対して一方的に、
②　身体的・心理的な攻撃を継続的に加え、
③　相手が深刻な苦痛を感じているもの、
④　学校としてその事実（関係児童生徒、イジメ内容等）を確認しているもの、なお起こった場所は学校の内外をとわないこと。

ところが、平成六年度の調査からこの定義のうち、四番目の事実確認の条項が除かれ、事実の確認ができなくても、子どもの訴えを重視するように調査の姿勢が変更された。つまり、イジメられる生徒の主観的な訴えにそってイジメを把握しようという態度である。従来、イジメを訴える子がいても、その事実が確認されないかぎり、本人の感じ方の問題だとされた。すなわち、証拠のないイジメの訴えはイジメとは見なされなかったのである。これはある意味では当然のことと思える。どのような被害の訴えも、必ずそれを裏付ける事実が必要である。昭和六一年以前の調査はこの常識に基づいていたといえる。

調査事項の定義を変えると、発生件数の増減などを年度ごとで比較する上で致命的な問題が生じる。そのため、経年的な実態調査では、調査事項の定義は同一のままであることが一般的である。それなのにあえて文部省が定義を変更しなければならなかったのは、当時のイジメの内容が急速に変化していったためであろう。そして、イジメられたという被害感が、現在のこどもの問題と深く結びつき、以前に比べより深刻な結果をもたらしていたために、事実の客観性よりも子どもの主観的な訴えを重視しなければならなくなったからだといえる。

さらに決定的に認識を変えさせたのは、平成六年一一月に愛知県で起きた大河内君の自殺と遺書（資料1）だろう。遺書には、家に遊びに来た仲間が金を盗み、またその友人たちに川で溺れさせられ、その後はその恐怖のために万単位の金を要求されるようになったいきさつが述べられていた。この事件を通して、イジメが金品の恐喝など非行としての要素をともなっていること、さらに、傍目には仲間うちでのじゃれあいとしか見えないが、それを放置すると自殺の引き金となりうることが認識された。

これまで、イジメは子どもの世界でいつでもどこにでも起きると思われていた。しかし、現在のイジメは非行や自殺の原因となりかねないため、主観的なイジメの訴えや兆候を軽視することはできない。このイジメの質的な変化は、現代の子どもの暴力の歯止めのなさと、死という解決法を容易に選ぶ、短絡的で衝動的な傾向と呼応している。それはイジメに直接関わっている特定の子どもたちだけの問題ではなく、すべての子どもとその環境の変化と深く関連する社会的な問題であるといえる。

2　教室でのイジメ

教室の中でイジメは変化している。子どもたちは教室でイジメをまるでゲームとして楽しんでいるという。

このことを知らしめたのは、昭和六〇年の中野区の中学校で起きた鹿川君の事件であった。鹿川君がイジメられていたことは、父親の郷里の駅構内での自殺と、そこに残された遺書（資料2）によってわかった。それは当初、特定の子どもたちによるイジメとして報道された。しかし、イジメの経緯が調べられるにつれ、教室のすべての子どもたちがイジメに荷担していたことが発覚した。

その典型が、「葬式ごっこ」と呼ばれるクラス全体のからかいである。彼が休んでいるときに、彼の「死」をいたむ追悼の色紙が教室の中で回された。それに記入したのは級友ばかりではない。担任や他の教師も名を連ねている。しかし、その教師がとくに教育者としての資質にかけていたという報告はない。イジメを止めるべき立場の教師も、知らず知らずにイジメに荷担させられ、自分たちの行為をイジメとは感じさせない雰囲気があった。その背景には、相手が傷つくことに無神経で、あるいは気がついたとしても、ただ自分たちが楽しければよいという自己中心的な幼さがクラス全体にあったのである。

中学生の割には精神的に幼い子どもたちがとくに鹿川君のクラスに集まったのだろうか。いや、そうではないだろう。イジメが教室全体の遊びとなる傾向はこのクラスに限らないのである。大阪市立大学の森田洋司教授によると、現在の学校では教室にいるほとんどすべての子どもたちが、次のいずれかの形でイジメに関与しているという。

①　イジメの被害者、
②　イジメの「加害者」、
③　イジメをはやし立て面白がる「観衆」、

④ 見て見ぬふりをする「傍観者」。

これはイジメ集団の四層構造とよばれ、各層に所属する子どもは、学級場面に対する価値意識においてそれぞれ次のような特徴を持っているという。

① イジメの被害者層には、教師の権威や規則によって維持される秩序によりかかる傾向がみられ、権威や集団統制に従順な態度を持っている。

② イジメの「加害者」層には、教師の権威や規律統制への反逆、秩序化への反抗がみられる。しかし、統制管理への拒否は集団活動を否定し、自立や自治を求めての権威への抵抗ではなく、私的欲求の満足に走ろうとする利己主義とむすびついている。

③ 「観衆」層は「加害者」層と同じ価値意識空間を共有しており、「加害者」層よりも自己中心的傾向が強く、同時に被害者層の特徴である「力への服従」への志向性が強い。この傾向が彼らに「加害者」への協調的態度をとらせ、自分に被害さえ及ばなければ自分の手を汚さずにイジメを楽しむという態度をとらせている。

④ 傍観者層は、学級集団活動には積極的で協調性に富み、集団の価値に強くからめとられている。この層には大学進学を希望し、成績も比較的良い子が多い。イジメを見て見ぬ振りをする傍観的な態度と、受験戦争のレールを踏み外すまいとする安定志向とは無関係ではない。

教室にいる子どもたちのすべてが、以上の四層構造の中に閉じこめられているという。このようながんじがらめのイジメの構造はたしかに過去の学校には無かったように思える。しかし、イジメの被害者と加害者の存在は従来から変わらない。変化したのは「観衆」と「傍観者」と呼ばれる生徒である。

3　子どもたちの変化

観衆とよばれる子どもたちは、学校で起きるイジメの娯楽性を強めている。彼らは芝居を見る観客のような立場でイジメに関わっている。すなわち芝居を見る観客の笑いや涙や拍手が役者に熱演を促すように、観衆と呼ばれる子どもたちは、その反応によってイジメの「加害者」を煽動し、イジメを激化させる。この観衆とよばれる子どもたちの増加が、現在、教室でのイジメを変化させた大きな要因であろう。

さらにイジメを止める生徒の層がないことも見逃せない。従来、教室でイジメが生じたとき、それを止めたり、担任に報告する生徒が必ずいた。おそらく、それらの子どもは、現在、傍観者と呼ばれる生徒の中に埋没しているのだろう。傍観者と呼ばれる生徒は、先の分類で「学級集団活動に積極的で協調性に富み」とあるように、クラス委員や委員長として、クラスをリードするはずの生徒が含まれている。従来なら彼らは成績がよいだけでなく、他の子どもよりも心の成長が幾分早く、そのせいで他の子どもたちから一目おかれ、集団の統率者としての力をもっていたように思う。彼らはクラスの不正をただす役割も果たしていた。しかし、現在ではそのような生徒が受験戦争の中で自己保身に躍起になって、周囲の不正に見て見ぬ振りをしている。

たしかに現在の受験競争の重圧は子どもの心理的なゆとりを奪った。そういう意味で、学歴を重視し、過当な競争を子どもに強いてきた社会と学校教育の責任は大きい。しかし、イジメを止める生徒の消失は、社会の変化や教育だけの問題だろうか。現在、イジメに関わるすべての子どもに、他人も自分と同じ痛みや悲しみをもつ人間であるという当たり前の感覚が欠けているように思える。それは人間性の基本である他人への共感性の欠如といってもいい。この人間性の基礎は学校教育だけで生まれるものではない。それ以前に、家庭で親が子どもに何を教え、どんな価値観を伝えてきたかが問われる。

二　イジメの生じる背景

イジメと家族の関係を論じる前に、もうひとつ明確にしなければならないことがある。それはどのような行為がイジメとみなされるかである。

子どもがイジメられたと訴えるとき、その中身は従来からそれほど変わっていない。例えば、遊びの仲間に入れてもらえなかったとか、みんなに悪口を言われたとか、持ち物を隠されたとかである。これらの行為のひとつひとつはありきたりの子ども同士のいさかいであり、イジメなのか、あるいは悪ふざけなのか、また単なるけんかなのかを区別することは難しい。

個々の行為によって、それがイジメかどうか判断するのは難しいが、そのひとつひとつが集合するとイジメの様相を呈する。だが、攻撃的な行為が重なるためにイジメとなるのではない。むしろ、ひとつの行為でも、その背景に子ども同士の特殊な関係があればイジメといえる。その関係は複雑である。好ましくないものもあれば、仲間関係が発展する過程で必然的に生じるものもある。大人の立場としては、イジメを根底から否定するのではなく、個々のイジメが起きた背景を理解し、子ども自身が自発的に解決するのを助けなければならない。そのためには、まず、イジメが生じる背景について理解しておかなければならないだろう。

一　イジメと集団防衛

イジメは同質の集団と異質な集団の摩擦によって起きることがある。この種のイジメは古くからまたどの世代にもあり、一種の集団防衛としての性質をもっている。

イジメに関するあるシンポジウムで、年輩の参加者から学童疎開での経験が語られたことがあった。村の子どもたちによる疎開児童に対するイジメである。

参加者は、ある日、学校からの帰り道で地元の子ども達に待ち伏せされた。川に投げ込まれ、危うく命を失いかけたという。その経験は、平成六年一一月に愛知県で起きた大河内君のイジメと酷似していた。生命をもてあそび、相手の苦しみを楽しむ、そういう子どもの残忍さは当時も今も変わらない。この発言に触発され、会場の人々から、転校によるイジメ、また帰国子女に対するイジメが披露された。それらのイジメには共通の要素がありそうである。

疎開や転校によって起きるイジメは、新参者を排除しようとする集団の働きが絡んでいる。臓器を移植しようとすると、生体はそれを拒絶しようとする。それは免疫という生物学的な防衛機能である。集団もそのまとまりの強さのために部外者の進入を排除しようとする。それは生体の免疫反応に似た集団の自己防衛的な機能で、それが高じるとイジメとなる。

日本のように等質性の高い社会はイジメが発生する要素が強いといわれる。それは集団としての同質性と凝集性が高く、異質な者に過敏で排他的な性質を持ちやすいからである。そのため、イジメが生じやすい文化的な土壌が本来あるのだろう。現在も「婿《むこ》イジメ」と呼ばれる行事が残っている地方があるが、この行事は、入り婿として新たに村に入る若者に水をかけたり、真夜中に、婚家の庭先に地蔵など重い物を運び込んだりするいたずらである。見方によっては新参者への一種のイジメである。

しかし、その行事には通過儀礼としての役割がある。すなわち「婿イジメ」という慣習は、村の掟やそれに従うことの重要さを新参者に教え、彼らを迎え入れるための儀式的な意味をもっている。通過儀礼という点から見ると、先の疎開児童や転校生に対するイジメは、日本の社会に残る「婿イジメ」と似ている。なぜならこのようなイジメは、子どもが集団を形成していく過程で必ず発生し、新参者が集団に馴染《なじ》むころには自然に解消している。そして、単に通過儀礼としてイジメが起きた場合、それは子どもの心の発達の過程で必ずしも悪い影響を与えるだけではないように思える。

2　娯楽としてのイジメ

どう考えても肯定できないイジメもある。一種の遊び感覚で始まるイジメである。そのようなイジメにおいては、親しい仲間同士がイジメをゲームのように楽しみ、互いに罪の意識も薄く、相手が傷つくことに鈍感である。そのようなイジメの経験を、私たちの相談室に来室したある女子中学生は次のように語った。

「クラスが代わって、新しい友だちと休み時間に、それぞれの家のことを話していた。私は、母親がスーパーの食品売場でパートをしていることを話した。すると友人の一人が私を『おそうざい（お惣菜）』と呼んだ。それは、私の名前を音読みにした『そうだい』と語呂が似ていた。それで、まわりのみんなにとてもうけた。その時はみんなと一緒に私も笑ったように思う。それで友人たちは私が嫌でないと思ったのかもしれない。その後、オソウザイが私のあだ名となった。しかし私はそう呼ばれるたびに、私だけでなく母親が馬鹿にされているようでとてもつらかった。」

あだ名やはやし言葉は昔からあった。子どもの頃、決まり文句の悪口で互いをののしり合ったのを思い出す人も多いだろう。悪口を言い、ののしり合うのは子ども同士のゲームである。相手を傷つける意図は薄く、むしろ、お互いに悪ふざけとして了解していた。

しかし、現在の子どもたちは、それを少し違う目的に使っている。相手の弱点への目の付け所の巧みさ、発想のおもしろさ、その機知を周りにアピールし、周りからうけをねらうためである。このことはすでにふれたように、現在の学校でのイジメに観衆を意識し劇場化した要素が強まっていることと関連が深い。そしてこの種のイジメには、相手が傷つくことに頓着しない、身勝手で自己中心的な現代の子どもの特徴が反映されている。

3　娯楽としてのイジメが発生する背景

このような変化はどうして生まれたのだろうか。そこには子どもの文化の変化、とくに子どもが見るテレビの影響があるように思える。現在の子どもは子ども時代を失ったといわれる。それは、メディアを通じてあらゆる情報が、選択なく子どもに伝えられるからである。メディアの発達によって、大人の世界と子どもの世界の垣根はなくなり、大人むけのブラックユーモアが、テレビを通じて子どもに容易に届く時代となった。

昭和六一年の暮れに、ある漫才師とその弟子の一団が、写真週刊誌の編集部を襲う事件を起こした。この集団は、テレビ番組でも、仲間を水槽に突き落としたり、プロの格闘家と試合させたり、共演者が怯えたり痛がるのを売り物にしていた。このころからテレビの笑いの質が変化してきたように思える。

しかし、暴力を売り物にするのは彼らだけではなかった。昔からコメディの世界では自分や相方をイジメて、それで笑いをとる手法がある。しかし、それは大人のためのブラックユーモアだった。ある程度の残忍さは誰の心にも潜んでいる。だから、舞台でイジメが演じられるのを見て、抑圧されていた欲求が解放されるのだろう。屈託なく笑えるのはその解放感からである。しかし、子どもはどうだろうか。好ましくない行為も無批判に自分達の娯楽として取り入れてしまう。メディアの発達が大人と子どもの境界を薄くしたが、そのためにテレビで見た「イジメ」がそのまま教室に持ち込まれるようになった。そして持ち込まれたイジメは、それが教室で演じられるときは虚構としての性質を失い、現実のイジメとして、先の女子中学生のように子どもの心を傷つける。

子どもは仲間との遊びを通して、争いや妥協、決まりや勝敗、優越や屈辱、そして自らの心の痛みと相手の心の痛みを理解していく。しかし、原っぱ、空き地、放課後、道草、これらの言葉が死語になったように、子ども同士の遊びの場も時間も少なくなっている。娯楽としてのイジメは、まさにこの遊びの空間の喪失を補うものとして登場したのだろう。舞台の上の役者が一種の心地よい緊張感に満たされるように、娯楽としてのイジメは教室でそれを演じる子どもに充実感を与える。何か他に創造的で自由な遊びが子どもたちに与えられなければ、娯楽としてのイジメが教室の中で蔓延《まんえん》するのを止めることはできないかもしれない。

4　イジメと支配

集団防衛的なイジメは対立する者が融合すると自然に解消する。また娯楽としてのイジメは周囲の大人が注意していれば見つけることはそれほど難しくない。しかし、閉鎖的な仲間関係で生じるイジメは周りから気づかれにくく、終わりのない陰湿なイジメとなる。これが現代の子どものイジメの本質的な問題であろう。

しかし、仲間を持ちたいと思うのは人間として当然の欲求である。その要求の強さは、その仲間がたとえイジメの集団であっても変わらない。集団や仲間への希求が強ければ、イジメられる側がイジメる仲間から抜け出すことは難しくなる。とくに、その仲間以外に所属する集団がない者にとって、その仲間を失うことはイジメられる以上に苦痛であり、不安なこととして感じられる。仲間をイジメる者はその心理を十分に知っていて、相手の弱さを逆手にとってイジメの構造を作りだす。

現在、金品のゆすりや、自殺や、また行きすぎた防衛から生じた殺傷などの事件は、このような同質の仲間同士のイジメから発展する場合が少なくない。そのようなイジメを、ある中学生の事例に見ることができる。

その生徒は相談に来てつぎのように語った。

――自分は小学校四年のときに地方から都会の学校へと転校してきた。新しい友人にもすぐに馴れた。しかし、教科書の内容が違い、授業についていけなかった。授業の退屈さを紛らわすためにいろいろなことを空想して時間を過ごした。とくにお気に入りの空想は、当時テレビで人気があった刑事もののドラマだった。自分で勝手にストーリーを変え、夢想した。

昼休みには、他の生徒とともにそれを実演した。自分はいつも主人公で相手は犯人、最後は友人を投げ飛ばして逮捕、それがおきまりの筋だった。そのため、小学校を終える頃には、勉強のできない、乱暴な子どもとしてのレッテルが貼られた。

中学に進学したが、乱暴な子という噂は他学区から来た生徒たちにも広まった。誰もまともに相手をしてくれない。中一の夏休みが終わる頃にできた友人は、みんな自分と同じ落ちこぼれだった。

その仲間で突っ張りの集団を作った。授業をさぼったり、廊下で騒いだり、気の弱い教師の前でわざと喧嘩を始めたり、そうやってまわりを振り回すのを楽しみにしていた。しかし、中学二年のとき、「本格的なワル」が転校してきた。それが仲間の中での自分の地位を決定的に変えた。その生徒をトップに突っ張り集団の一人一人にランクができた。シャモリンチと称して階級の上の者は下の者同士を喧嘩させることができた。負けると格下げされる。またミツギといって階級の上の者は下の者にコンビニから自分のほしい物を万引きさせることができた。失敗すると、また階級が下がる。

服の下に隠しきれないほどの大量の漫画やジュースやお菓子を盗むことが強要された。盗めないほどの大量の物を要求するのは、品物が欲しいのではなく相手の階級を下げることが目的であった。それが厭なら相手の言う通りにせざるをえない。断ることも、上手く万引きすることもできずに、結局仲間の最下位になってしまった。――

彼は仲間からのリンチを逃れるために転校を希望して相談に来たのであったが、仲間が彼にしたことは奴隷として支配するためのイジメであった。ここまで陰惨ではないが、子ども同士の罰ゲームにも同じような要素がある。一人の子どもにみんなのランドセルを背負わせたり、自分の用事をやらせる遊びである。このような支配的な遊びは以前から子どもの世界にあるが、その遊びが閉鎖的な関係の中で行われるとイジメへと発展する。とくに非行や落ちこぼれの集団ではこの種のイジメが生じやすい。なぜなら、そこに所属する子どもたちは、過去に自信を喪失した経験があるために、自尊心を回復する機会に飢えているからである。それは、イジメの加害者となる決定的な要素である。

また、彼らはこの事例のように行き着くところまで行かないとイジメを訴えない。それは、裏切りによって仲間を失うからである。彼らは過去に経験した疎外感から、仲間を失うつらさが身にしみていて、非行仲間の間でイジメられたとしても、その仲間に拘泥する。それが、閉鎖的な仲間関係の中で陰湿なイジメが続く理由であろう。

この支配的なイジメは非行や落ちこぼれの仲間関係に限られたことではないだろう。現在の子どもたちは、テストの順位やスポーツの試合などを通して、他の子と自分を比べる機会を多くもつようになった。そういう機会を通して向上心を磨く子どももいるが、劣等感を強める子どもも少なくない。劣等感が強い子どもにとって、支配的なイジメは魅力的である。なぜなら、イジメによって歪んだ優越感が得られるからである。

過当な競争による軋轢によって善悪の判断のバランスが崩れるとき、普通の子どもたちの間でも、陰湿で残忍なイジメが生じる可能性が潜んでいる。

三　イジメと子どもたちの心理

子どもの争いをすべて禁止したり否定することは、子どもが社会化していく過程をいわば無菌化する試みであり、かえって健全な心の発達を阻害しかねない。ここまで、イジメの変化とイジメの背景について論じてきたのは、多種多様な子どもの争いの中で、問題とすべき行為を識別するためであった。子どもの発達のためには、子どもの争いがたとえイジメであっても、介入の時期を慎重に判断することも大切である。子どもも同士がイジメを解決できるかどうかを見守ることも、介入の方法のひとつといえる。

しかし、大人が常に子どもを監視することはできない。大人の側から現在のイジメの実体を正確に認識すると同時に、子ども自身が互いの争いを解決する能力を身につけるように心の成長を援助しなければならない。つぎに、イジメに巻き込まれる子どもの特徴、またそのときの子どもの心理について述べ、注意すべき点を考えてみよう。

1　イジメる子どもと劣等感

子どもは純真無垢なものと考えられがちであるが、本来、子どもは身勝手で残酷である。とくに幼児の残酷さはひどい。保育園のような集団では、泣いている子を見つけると、わざわざ這っていってその子の上に馬乗りになる子どもがいる。また、公園ではよちよち歩きの子どもを突き飛ばす子どもがいる。いずれも敵意があるわけではない。ただ、自分の行為で相手が泣くのが楽しいだけである。自分の行為によって相手を思いのままに操れるとき、自分が世界の中心のように感じる。そして自分に絶対的な力があると錯覚する。

この感覚を「万能感」と呼ぶが、幼児にはこの万能感が強い。自分の力によって相手が泣き叫び助けを求める姿を見るのは、幼児をこの上なく幸せな気分にする。幼児の残酷な攻撃はその万能感から生れると言える。イジメにもこの幼い万能感がある。見方を変えると、それは相手の心をいたぶり相手が苦しむことを最上の喜びとする、思いやりのない自己中心的な幼さである。

しかし、幼いという面からだけではイジメの加害者を理解することはできない。なぜなら、先に述べた文部省の実態調査でもわかるように、小学生よりも中学生にイジメが多発するからである。小学校時代に比べれば、自制心や道徳心がより発達しているはずなのに、中学生の間で何故イジメは増加するのだろうか。結論から言えば、現在のイジメを引き起こすもうひとつの原因は、子どもたちの劣等感の増大にあるからである。

学校が始まると子どもは勤勉さを学ぶといわれる。勤勉であるためには努力することを覚えなければならない。そして努力の結果、学習や競技や発表でより高い評価が得られることを知る。さらに高い評価を得るために、他者と競争し技術を磨き能力を高めようとする。それが小学生の間の心の発達であり、人としての成長の道筋である。

しかし、努力と競争はこれまでになかった負の感情も与える。努力しても変化しない現実を知り、強く自覚していないが自分の能力の限界を感じる。また他人と自分を比較し、自分にできないことがあることを知り、しだいに劣等感を抱くようになる。思春期にイジメが増加するのは、子どもの内省力が高まり、この劣等感が強まるからである。それが人格的な幼さと結びつくと子どもをイジメの「加害者」へと変える。

ところで、他人をイジメることでちょっとした快感を得る、そんな経験は誰にでもあるのではなかろうか。この刹那的な快感は誰にとっても魅力的であろう。しかしその誘惑に負けたとき、人は他人を除け者にしたり、からかったり、イジメたりするのである。だから、自己を抑制する力や倫理感を養うとともに、子どもがありのままの自分自身を受け入れられることが大切である。現在の競争社会において、子どもたちがそれぞれの個性や能力に応じて、自分の存在の意味を確かめる機会がどれくらいあるだろうか。イジメに荷担する子どもをなくすには、なによりもイジメの代わりになる健全な自己確認の機会が与えられなければならない。

2　イジメられる子どもの特徴

すべての子どもがイジメの対象となるのだろうか。あるいは、イジメの被害者となる子どもには何か共通するところがあるのだろうか。深谷和子教授は大学生に子ども時代を回想させ、イジメられっ子の特徴を調査している。その結果、イジメられる子どもには以下のような四つの要因があったという。

①　弱者因子、「おとなしい、暗い、無口、弱い、逆らわない、怒らない、意志が弱い」

②　目障り因子、「理屈っぽい、口のきき方が悪い、威張っている、自分勝手、ヘンな性格」

③　劣等因子、「出来ない、忘れ物が多い、頭が良くない、不潔、貧乏」

④　ハンディキャップ因子、「身体的欠陥、顔がヘン、動作がのろい」

調査の対象となった大学生は、イジメられる子の様子を冷静にとらえている。そのせいか、ここにあげられているいくつかの特徴は、自らの子ども時代を振り返っても納得のいくものがある。弱者因子に含まれる「おとなしい、無口、弱い、逆らわない」などは、クラスの乱暴な子どもたちに、いつも意地悪ないたずらをされていた子を思い出させる。

目障り因子の「理屈っぽい、口のきき方が悪い、威張っている、自分勝手、ヘンな性格」という感じの子もいた。その子は、いたずらされるというより、級友から敬遠され、それほどひどくはなかったが、クラスのなかで除け者扱いにされていたように思う。たしかにこの二つの要因は、一般的にイジメられる子どもに共通する特徴のようである。

ところで、なぜこのような子どもがイジメの被害者になるのだろうか。イジメられる側にもイジメに遭う何らかの原因があるのだろうか。弱者因子と目障り因子は、攻撃がイジメへと発展する要素、あるいは激化する要素をもっているように思われる。つまり、弱者因子に含まれる特徴は、自己主張が弱く、攻撃をまともに返せない傾向、つまり相手の攻撃を受け入れてしまうために攻撃がイジメへと発展する。また目障り因子は弱者因子と正反対で自己主張が強くても、イジメに発展することを示している。なぜなら相手の気持ちや周りの状況を認識しない自己中心的な自己主張は、相手をいらだたせ攻撃の引き金となりやすい。

自己主張はそれが強くても弱くても、その方法が適切でないときに、他の子どもから攻撃され、それがイジメへと発展する。このことからイジメの対象にならないためには、子どもたちが適切な自己主張の能力を身につけることが大切であるといえる。

再び自らの子ども時代を振り返ると、ハンディキャップ因子や劣等因子にあげられている特徴を持った子どももいた。しかし、私の経験では、このような子どもをからかったりイジメたりすると、担任の教師や親からひどく叱られたことを思い出す。これら身体欠陥や容姿や能力といった特徴は生まれつきのもので、本人の努力でどうにかなるものではない。このように自分ではどうすることもできないことのために、イジメに遭うのはつらく、不条理である。こういう特徴を持つ子どもこそイジメの対象にならないように守られるべきだと思える。

ハンディキャップ因子や劣等因子のような特徴を持つ子どもが、イジメの対象となることからもわかるように、被害者に何ら非がなくてもイジメは生じうる。そのことは、子どもの攻撃性が鬱積した状況でイジメが起きやすいことを示唆し、その鬱積した攻撃性のスケープゴートとして、何か異質な特徴を持つ子どもたちがイジメの標的となることを意味している。これまで述べた四つの因子は、これらの特徴を持つ子が必ずイジメの対象になり、その特徴があたかもイジメの原因であるかのように受け止められるかもしれない。しかし、それらの特徴はせいぜい誘因となりうるくらいであり、現代のイジメ問題ではどのような子どもにもイジメが起きる可能性があると考えるべきであろう。

3　イジメと依存心

実際にイジメが起きたとしてもその多くは、まわりの子どもや大人によって気づかれ、行き過ぎたいたずらやからかいとして終わるだろう。ところが、中学生の年代になるとイジメは周囲には見えにくくなり特定の子どもを対象に長期化するといわれる。なぜイジメは年齢とともに陰湿になるのだろうか。

まず考えられる理由は、イジメられる子どもがイジメの関係から抜け出せないためであろう。そう考えると、クラスの担任やその他の教師が子どもたちの関係を把握し、早めにイジメの芽を見つけてつみ取ることが求められる。しかし、子どもはイジメをなかなか訴えようとはしない。そこにもイジメが長期化し陰湿になる要因がある。ではなぜ子どもはイジメを訴えないのだろうか。

子どもがイジメを訴えないのは報復を恐れてのことだといわれる。「イジメられていることを親や教師に話すともっとひどくイジメられる」、この恐れの心理からイジメを訴えない、それは当然のことのように思える。しかし、恐喝や暴行を受けた被害者にも同じような心理がありながら、彼らは加害者の顔を見るのも恐れ二度と交わろうとしない。それとはまったく対照的に、イジメられる子はイジメる仲間から離れず、好んでイジメる仲間といるようにも見える。イジメによる自殺の報道では、子どもが楽しそうに仲間と遊んでいたという友人や学校関係者の声が決まったように報じられる。外から見ると、イジメられる子どもはイジメる子どもと仲がよいのも事実であろう。

子どもがイジメを訴えないのは、恐喝や暴行の被害者のように加害者を怖れるためではないようである。イジメには被害者が加害者を必要とする何らかの構造があるのでは無いだろうか。このことに関連して私はある幼児のことを思い出す。その出来事を以下に紹介するが、その中にイジメられる側の心が読みとれるようで印象深い。

——ある保育園で四歳児が「イジメられた」と私に訴えてきた。訴えてきた幼児が指さす方向には、その子の姉がいておやつを食べている。時間外保育の間食の時間なのだ。保育室は静かで落ち着いている。どこにも争いのあった形跡はない。保母の説明で、その幼児が自分のおやつを食べてしまい、姉の分をせびって拒否されたことがわかった。姉は普段その子の面倒をよくみる子である。「家ではきっと分けてあげてるんでしょうね」と保母はいう。でも、他の子のおやつはとってはいけない、それが保育園の決まりである。姉が幼児の要求を拒んだのはそのせいであった。——

幼児は言葉の正確な意味を理解しない。そのためときどき奇妙な間違いを犯す。しかし、幼児の心の仕組みが単純なために、その間違えがかえって事の本質を浮き立たせることがある。この幼児の場合もそうであった。姉は決して意地悪をするつもりはなかった。しかし、幼児は「イジメられた」と思った。幼児がそう感じたのは、姉の優しさを期待しそれが裏切られたからである。

自分が期待することがかなえられなくても、人は必ずしも相手のせいにするわけではない。しかし、甘えたいのに甘えられないとき、人はそれを他人のせいにし、ひがむあるいはすねるといった態度をとる。その背景には、恨みと甘えのあいだで揺れる感情がある。イジメられる者にもこれに似た心理がある。相手を恨むと同時に相手に何かを期待している。この相反する感情の混合した状態がイジメの被害感であろう。親による子どもの虐待、過激派の仲間のリンチ、カルト教団の荒修行でも同じ感情が生じる。苦痛であっても被害者はその関係や集団から逃げようとしない。このような心理はなぜ生じるのだろうか。

これらは、ともに閉鎖的で排他的で、被害者は外の世界の価値から隔離された状況で生じる。この閉じた関係のために視野の狭まった被害者は、虐待をする加害者の力を偉大に感じ、加害者の力への畏敬の感情が大きくなるのではないだろうか。そして、虐待が強まれば強まるほどその力への帰依は強まり、被害者はますますその関係に固執するのであろう。そのこだわりは先述の弟の姉への想いに似ている。

イジメの被害者がイジメの集団から抜け出せないのは、このようなパラドックスからである。とくにイジメでは被害者と加害者はともに未熟であり、なかなかこのパラドックスを打ち破れないのである。そのため子どもをイジメから守るためには、学校や教室など子どもが生活する環境を改善することも大切であるが、なにより一人一人の子どもが自律した人格に育つことが必要であろう。その点から、子どもの人格形成における家庭や家族の役割は、イジメを予防するうえでなによりも重要であると思える。

四　心の発達と家族

イジメる子どもは他人の痛みが理解できない、そのように子どもが育ったのは親が子どもに十分に愛情をかけなかったせいである、あるいは、イジメられっ子は甘えん坊でいじけやすく、それは親の過保護と過干渉のせいだ、これはよく言われることである。たしかに、イジメは親子関係にその原因が求められやすい問題である。

しかし、こういう見方は、現代のイジメ問題の背景にある社会や教育の複合的な要因を無視している点で偏っており、また、子どもが親からの一方的な働きかけで成長すると考えている点で誤りである。子どもはいかに幼くても、親の価値観や行動のパターンを自らの力で変化させることができる能動的な存在である。

これから家族について論じるが、それは、イジメの原因が親子関係とか家庭環境にあるという考え方からではない。親子や家族関係やそこに生じる問題を理解するには、親子の相互的で複雑な関係を理解することが必要である。家族について論じるのは、この相互的な関係が子どもの人格形成にどのような影響を与えるかを示すためである。その知識は、イジメのような事件が起きたとき、家族がその問題の解決の方法を考える手づるとなるだろう。

1　成長の器としての家族

人間は生後一年以上経たなければ立つことも歩くこともできない。生まれてすぐに立ち上がる馬や牛の子どもと比べれば、同じ哺乳類の中でも人間の子どもは比べようもないほど未熟である。親に抱かれなければ、自分から乳を捜すこともできないし、やがて飢えて息絶えてしまうだろう。このような乳児の脆弱さを生物学者ボルトマンは生理的未熟児とよんだ。

しかし、生理的に未熟であることは人間の強みでもある。なぜなら、その未熟さゆえに、人間は現在の繁栄と高い文化を築くことができたからである。つまり、子どもが自立するまでに多くの月日と労力がかかるが、それは、親と子の密接な交わりを作り、先人が築いてきた莫大な知恵を伝える時間的余裕を与えた。このゆとりが親から子に文化を継承し、何世代も続いて現在の文明を構築したといえる。

ところで、現在は個人のさまざまな特徴が遺伝子やゲノムの研究によって明らかにされつつある。ガンのような病気がそれに関与する遺伝子の発見によって不治の病ではなくなるときや、知能や性格など人の心に関わることが遺伝子によって説明される時期も遠くないだろう。しかし、心の成長は、ゲノムの中に組み込まれたプログラムがただ単に展開する過程ではない。現実の世界では新たな事象がつぎつぎと起こる。莫大な数の遺伝子ではあるが生きるために必要な情報がすべて書き込まれているわけでもない。

生きるために必要な情報の多くは親子の交わりによって伝えられる。家族はその情報を社会から取り込み子どもに与える場である。人類の発展も含めて家族というものの意味を考えると、遺伝子に書き込まれた成熟のプログラムに現代社会の新たな情報を融合させる装置のようなものといえる。家族を子どもの成長の過程から考えると、子どもが新しい社会で適応できるだけの力を培養する器のようなものではないだろうか。

2　家族の発達と課題

この成長の器は箱のような形や容量が定まったものではない。子どもの成長にともなってそれ自体が形態と大きさを変化させる器である。人は成人して家族から離れ、自らの家庭を築き、自分が育ってきたのと同じように新たな世代を育んでいく。この経過の中で家族は形態を変えるが、それは子どもの成長を目標としたものであり、家族の発達とよぶにふさわしい変化であるといわれる。

家族の発達は何世代にも受け継がれ循環していく。そのためそれはファミリー・ライフ・サイクルとよばれるが、このサイクルには、様相が異なるいくつかの段階がある。家族社会学者の森岡清美はそれを次の八段階に区分している。

① 新　婚　期……子どものない新婚の時期
② 育　児　期……第一子出生から小学校入学まで
③ 第一教育期……小学校入学から卒業まで
④ 第二教育期……中学入学から高校卒業まで
⑤ 第一排出期……第一子高校卒業から末子成人まで
⑥ 第二排出期……末子成人から子どもたちの結婚・独立まで
⑦ 向　老　期……子どもの結婚・独立から親の定年退職まで
⑧ 退　隠　期……定年退職から死亡まで

これらの段階にはそれぞれに特有の課題があるといわれる。たとえば、結婚した二人は、新しい生活を安定させるために、家庭での仕事を分業し協力し合わなければならない。また、互いの家族とのつき合い方を工夫し、それまでの息子あるいは娘としての立場ではなく、夫婦としての新しい親子関係をそれぞれの親との間に作り上げなければならない。子どものように親へ依存していては、妊娠・出産・子育てという、これから生じる新たな変化に対処できないからである。それが新婚期の夫婦の課題であり、ファミリー・ライフ・サイクルの点からみると、家族の発達の出発点といえる。

家族が次の発達の段階へ移行するときに、家族の関係に質的な変化が強いられる。その変化に応じるためには一種の力だめが必要であり、それぞれの段階の課題を乗り越えることで家族は少しずつ力をつけていく。

ところで、子どものイジメは、家族の発達段階の育児期、第一教育期、第二教育期に頻発する。そこで、これらの時期の発達課題を明らかにし、家族はどのような力を蓄えて次の段階へと進むべきかについて考えよう。これらのことは、家族がイジメを予防あるいは対処する際の手がかりとなる。

3　育児期の家族の発達課題

育児期に夫婦は子どもの養育を中心とした生活を受け入れなければならない。自分のために時間を使うことは当たり前の感覚であるが、この時期にはそれが許されない。おそらく、生涯のなかで一番窮屈な時期だろう。しかし、たいていの夫婦は、自分自身の娯楽や趣味に費やしていた時間を、子どもを育てるための時間に振り替える。昼夜の別なく乳を欲しがる新生児を育てるには、人間の基本的な欲求である睡眠すら犠牲にしなければならないが、それでも母親は献身的に子育てに没頭する。これらの努力と忍耐をすべて母性本能がなせる技であるといってしまえば簡単だが、実際には夫婦の間には子育ての犠牲と個人的な欲求をめぐってさまざまな葛藤が生じるのである。この時期、夫婦にとって、自己の欲求と家族全体の要求の均衡を保つ感覚を培うことが最大の課題となる。

一方、乳児は自他が未分化であって、空腹や排泄後の不快感を親が取り除いてくれても、それを自分以外の他人がしてくれたという認識に乏しい。まったく生きることにおいて他人まかせでありながら、泣くあるいは怒るという身勝手な行為によって、周囲や親を思うがままに動かしている。そのうえ、親がそうしてくれたとも知らず、その身勝手な行為によって自らが不快感を取り除いたのだと信じている。それがこの時期の子どもの世界観であり「自己」の感覚である。

この感じ方を「万能感」とよぶが、それはそのまま残った場合、はなはだやっかいな問題を引き起こす。万能感とイジメの関係についてはすでに述べたとおりであるが、いつまでも持ち続けてはいけない感覚である。しかし、万能感は自己の力を信じる感覚、すなわち自信の最初の形でもある。それは人間が生きていくうえでの原動力である。先述のような乳幼児期の親の献身は、はずみ車の最初の一押しのように、子どもが自分を信じて生きていくためのきっかけとなる。だが、親はただ献身的でいればよいと言うわけではない。子が自立した生活を営めるよう、この時期から身の回りのしつけを始めなければならない。

自信の原始的な形である万能感は、このしつけによって崩れ去る。つまり、今まで自分の思うままに動いていた親が、突然自分に敵対し、自分が望むことを次々と阻止する。泣き叫んでもそれまでのようには思うままに世界は動かなくなる。たとえば、オムツに心地よく排便するのを咎められ、おまけにおまるやトイレですることを強制される。乳児にとってこの突然の変化は、おそらく大変な認識の混乱、いや世界観の崩壊をともなうであろう。第一次反抗期がこの時期に生じるのも、この混乱がひとつの要因となっているからである。ところで、このしつけを通して、乳幼児は他者を信じ、また他者の要求に合わせることによって、自分が受け入れられることを学ぶ。そして、他者に協調することで、万能感から生じた未分化な自信が、社会化された自己への信頼へと変化する。すなわち、ただ自分を万能なものと思いこむのではなく、他者との共存に裏打ちされた、世間に通用する形に自信は整えられるといえる。乳児期の育ち方が、イジメの問題に何か影響があるとすれば、この自信の形成のあり方との関連であろう。

4　第一教育期（小学校時代）の家族の発達課題

第一教育期は、子どもの教育を中心とした生活形態になりやすい。母親の一日は、子どもの登下校、また塾やピアノやスイミングといった習い事の時間に合わせて回転する。まさに教育期というにふさわしく、子どもを教育するために家族は動いている。教育こそが食卓のメインディッシュのように家族の食欲をそそり、家族の関心を惹きつける。しかし、この時期の発達課題は実は子どもの教育ではない。この時期は、家庭の内側で、きょうだい、夫婦、親子という新たな家族のサブグループが生まれている。この家族内でのサブグループを、いかに形成するかがこの時期の課題である。

夫婦や親子やきょうだいの関係は、自然にうまい具合にできあがっていくものと思われるかもしれない。それらの形成を家族の発達の課題と呼ぶのは大げさ過ぎると感じられるかもしれない。しかし、それぞれのサブグループの関係は互いに干渉しやすく、意外にどれもが健全に育っていくのは難しいのである。

例えば、物心のついた子がいれば、夫婦の性生活は制限される。夫婦としてのサブグループを維持するには、身体的な親密さに代わって心の結びつきをこれまで以上に強めなければならない。

また、きょうだいと親の関係は微妙である。きょうだい間での能力や性格の違いが明らかになるにつれ、親のそれぞれの子どもたちへの評価には差が生じる。子どもへの評価が極端に異なれば、それはきょうだい間の葛藤の原因となりやすい。

またこの時期の親子関係も微妙である。親は子どもに自分が果たせなかった夢を託すのが常である。自分が行くことができなかった大学への進学、なれなかった職業への道、それらを大きく胸に描きながら幼児期の子育ての大変さを乗り越えてきた。しかしこの時期にそれは夢でなく現実の子どもの可能性として見えてくる。わが子の現実が親の夢を打ち砕くものであれば親は当然落胆する。気づくか気づかないうちに、その落胆は親の子どもへの関わり方を変化させ、親子関係に微妙な影を投げかける。子どもは親の気持ちに敏感であり、これも気づくか気づかないうちに、親の愛を疑い始める。愛を疑うというのはあまりに抽象的であろう、親がもはや以前のように自分に期待していないことを感じ、どうすればまた親の関心を取り戻せるのかと迷い始める。

このように、夫婦関係、きょうだい関係は互いに拮抗しやすく、また親子の信頼は移ろいやすい。この時期にはサブグループがバランスよく発展することを、家族めいめいが努力しなければ、すぐにひとつの関係だけが勢力をのばし、他を犠牲にしはじめるのである。幼い子どもにこの努力を期待することが無理だとすれば、親は少なくともこの時期の家族の発達課題が子どもの教育ではなく、安定した夫婦やきょうだい関係、また親子の関係の確立であることを認識しておかなければならない。

イジメの問題を考えると、家庭内での人間関係のバランスがいっそう大切である。この時期に端を発したイジメが、次に続く第二教育期には閉鎖した友人関係の中で陰湿なものへと発展するからである。子どもが外の世界で何をしているか、それを感じ取れる風通しのよい親子関係と、夫婦が子どもの状態を話し合える親密な関係が、イジメの予防と対処に欠かせないといえる。

5　第二教育期（中学時代）の家族の発達課題

第二教育期は、その後に続く排出期、つまり子どもが高校や大学への進学や就職で家を離れるための準備期間といえる。

家族のそれぞれは家庭よりも、社会での自分の位置や地位がより重要になる。家庭の外では、友人、仕事仲間、近隣など、家族のそれぞれの社会での人間関係が発展する。就職や高校進学は親子の共通の関心になりうるが、友人や異性との交際は互いの知らないところで広がりと深まりをみせる。とくに子どもの関心は外へと向かっていく。そのおかげで子どもは自然に家庭から自立するのであるが、親としてはその速さについてゆけず、とまどい、どうしても家庭外での子どもの様子を知りたくなる。この時期の親が子どもの教育に格別熱心なのは、子どもが進学のために家や塾で勉強をしているほうが子どもの状態を親が把握しやすく安心だからかもしれない。いずれにしても多くの家庭では子どもの進学の準備に躍起になり、それが家族の心を占有する。しかし、教育がこの時期の課題でないことは第一教育期と同様である。課題は子どもの精神的な自立と親子の心理的な分離である。

親離れあるいは子離れはそう簡単にいくものではない。また一方向的に進むものでもない。浜辺の貝と砂が波にまかせて漂うように、行きつ戻りつしながらしだいに親子は離れていく。子どもに関していえば、家庭と社会を両端にして揺れる振り子のような状態である。交友関係で失敗したり恋愛で挫折すれば、家族に八つ当たりし、親に甘える。このような失敗が度重なると子どもは臆病になり、家庭へと引きこもろうとする。ある学者がこの時期を心理的離乳の時期と呼んだが、それはまさに、赤ん坊の乳離れが容易でないのと同じように、この時期の子どもが家庭を振り切って社会へと旅立つのが困難だからである。

親にとっても子どもを社会にゆだねるのは容易でない。この時期の子どもは自分にことのほか甘く、たばこや酒、不純な異性交遊など周囲の誘惑にすぐに負けてしまう。我が子を信じなさいという忠告が正しいことはわかっていても、親は決して心穏やかに子どもを見守ってはいられない。日曜日の外出の服装や、友人から借りてきた雑誌や、部屋から漏れてくるCDが、親にとっては子どもが良からぬ方向へ進もうとする兆しのように思えてくる。そのどれもが子どもが家庭に持ち込む新しい文化の息吹であるのだが、それらがなじみ薄いものであるが故に、親は子どもの行動の管理をこれまで以上に強めなければならないと感じる。しかし、非行を危惧するあまり監視を強めれば、子どもは必ず反抗する。この時期、親の心も監視と放任の両極で左右に揺れる。

ところで中学校でのイジメは、特定の子どもをターゲットとして、また固定した関係の中で生じる。そういう特徴を示す理由は上述のような親と子の心の揺れが関連している。

この時期の親密な仲間関係は子どもの心の発達にとって大切である。それは自立する子どもにとって仲間がその自立の過程を助けるからであろう。すなわち、自立する子どもはこれまで親によって守られていた安心感を失い、その不安を薄めるために家族の暖かさに似た集団のぬくもりを求める。すなわち、この時期の仲間関係は家族と大人社会のほぼ中間にあって、自立を損なうことなく互いに心の安定を与えあうのである。

そのために、精神的に自立しようとする子どもは、家族とは反対側の仲間の極へと急速に心の振り子を動かす。イジメられた子どもが仲間によって傷つけられても仲間から離れないのは、親のふところへ逃げ込むことが自立にとって危険であることを本能的に知っているからであろう。

しかし、傷ついた心の癒しを閉鎖した陰湿な関係に求めるのはもっと危険である。親としては我が子を家に閉じこめて、そこで起きるイジメの問題から守りたい。しかし、そうできないのは、子どもが本能的に知っているのと同様に、親も子どもをかばいすぎると子どもの成長に良くないことを承知しているからである。親は監視と放任の両極で揺れ、そのジレンマに陥いる。親としてはただこのジレンマに耐えるしかないのであろうか。

家族にだけ焦点を合わせても、この時期のイジメ問題の解決の方法はみつからないように思える。この時期のイジメをなくすには家族だけの力では難しい。これまで以上に学校や地域、近隣との関係や協力が必要である。勉強やスポーツ以外にも、子どもが興味を示す多様な活動と関係が用意されてなければならない。家族としてできることは、そのような地域社会の活動に関心を示し、その充実に協力することだろう。そのためにも、この難しい時期のつかず離れずという課題をできるだけ上手にこなして、子どもを取り巻く家庭外の環境にも目を向けることが大切となる。

6 有機体としての家族

これまで述べてきた課題はすべてが完全に達成されなければならないものだろうか。もし前の段階の課題ができなければ、その後の家族の発達はどうなるのだろうか。なにか子どもの成長に悪影響を与えるのだろうか。家族が子どもの問題の原因であると考える人は、そう思うかもしれない。しかし、現実にはごく普通の家庭に不幸な事件が生じ、その逆に誰が見ても好ましくない家庭環境で無事に子どもが成長する。もっとやっかいなのは、家族の課題が必ずしも子どもの発達と一致しないことである。

その端的な例は、家族の誰かに成長を阻む生来的な障害がある場合であろう。その障害ゆえに家族の発達にとって様々な難関が生じる。たとえば、親の関心が子どもの障害にだけ集中し、親は子どもをいつまでも子どもとして扱い、親子関係はそこに固定する。あるいは、ある時期から健常の弟妹と発達が逆転し、そこに通常のきょうだい関係が育つのが難しくなる。このように、これまで述べてきたような通常のファミリー・ライフ・サイクルが決して生じない家族もある。しかし、現実の障害児・者の家族はそこに生じる葛藤を乗り越えて、それぞれ独自の成長を成し遂げている。このような例外をあげるときりがないが、とにかくここでは、課題とは努力の目標を示すもので必ずしも達成されなくてもよい、その程度に考えておくほうが無難であろう。

ところで家族の中に葛藤が生じたとき、家族はそれをどのようにして解決するのだろうか。最近の精神療法理論は家族を一つの有機体として考えている。家族の問題解決の仕方が、有機体が健康を維持するメカニズムに似ているからである。人の身体は呼吸器や循環器や消化器などいろいろな働きをもつ部分からなっている。この部分は個別の働きを持ちながらも、全体である身体の健康を維持するように働く。ときに干渉し、ときには役割を調整しながらである。

たとえば、風邪を引いたときに熱や咳がでる。それは病気の症状とされるが、身体の均衡を保とうとする反応でもある。すなわち呼吸器は咳《せき》や痰《たん》を出すことで病原体を除こうとする。心臓などの循環器は活発になることで発熱をうながし、熱によって病原体を退治する。このように咳や心拍の亢進は、それだけを見ると呼吸器や循環器に異常が生じたように見えるが、実際には健康を取り戻そうとする身体の働きの一部なのである。このような有機体が安定しようとする働きをホメオスタシスと呼ぶ。

家族にもホメオスタシスに似た機能がある。家族は父や母や子どもといった異なる個人からなっている。しかも、これらの個人は別個のものでありながら、互いに干渉しあい、集団としてのまとまりを持っている。誰かが家庭外から何かを持ち込もうとすると、必ず家族の誰かが反応する。それは、子どもの奇抜なファッションであったり、父親が持ち帰る風俗記事が満載のタブロイド紙であるかもしれない。あるいは形のあるものではなく、新しい思想や宗教かもしれない。いずれにしても、安定していたはずの家族の雰囲気に波紋が生じる。

しかし、それが家族の雰囲気を壊すものであっても、外から何も持ち込まないわけにはいかない。身体にとって食物を摂ることが活力源であるように、家族にとっても外の文化の取り込みは、家族のそれぞれを成長させる大切なエネルギーとなるからである。それにもし家族が有機体であれば、家庭に何がもちこまれても、さほど心配しなくてもよかろう。それが家族にふさわしくないものなら、ちょうど身体が異物を摂取したときに、嘔吐やアレルギー反応が生じるように、家族のホメオスタシスが家族にとって悪いものを識別して排除してくれる。

このように家族は有機体になぞらえられ、家族のホメオスタシスを想定される。しかし、自然が巧みにこしらえた生体機能と同じように、家族にも自浄作用があると考えるのは多少楽観的にも思えないだろうか。

個人で形成されている家族はいつでもばらばらになりかねないからである。おそらく家族が有機体として機能できるのは、家族が健康という共通の目標に向かって努力し、まとまりを保とうとするときであろう。家族を有機体に見立てる考えは、この家族がもつ健康への志向性によって支えられている。

7　健康な家族

ところで、家族の健康とは何だろうか。仲睦まじい家族に接したとき、私たちはそれが理想的で望ましい家族のように思う。優しく思いやりのある母親と、決断力のあるどっしりとした父親、ときどき学校や友人のことで悩みながら、それを自ら解決していく長男、ちょっとお茶目で明るく、家族の心の安らぎになっている末娘、想い描く良い家族はたいがいこんな姿である。これが健康な家族だろうか。

しかし、現実の家庭はそんな平穏なものではない。茶の間では、テレビのチャンネル争いが勃発し、親子が門限を巡って口論し、夫婦が子どもの教育方針で対立する。このようないさかいはどの家庭にも存在し、家庭はつねに様々な葛藤が生じる小さな戦場でもある。争いがないことを家族の健康の前提としたら、どこにも健康な家族は存在しなくなってしまう。

誰しも健康な家族とは何かを知りたい。家族の健康についてのいくつかの研究があるが、そのなかで二つの実証的な研究を紹介しよう。いずれも米国で行われた調査である。それらの調査の結果から健康な家族についての基本的な姿が浮かび上がってくる。

まず、マクマスターの家族機能モデルとよばれる研究である。この調査の特徴は、家族に起きる困難な問題を分類し、家族がそれにどのように取り組み対処していくかを調べた点であろう。

「家族が取り組まなければならない課題」

(1)　基本的課題……食料、金銭、交通や住居の問題
(2)　発達課題……妊娠や子どもの巣立ちといった家族の変化、家族のメンバーの成長
(3)　危機的課題……病気、事故、収入の途絶え、転職

「家族の健康にとって大切な家族機能」

A　家族の問題解決の能力（よい家族機能を保ちながら問題を解決する能力）
B　家族のコミュニケーション（家族が情報と感情をいかに上手に交換するか、またコミュニケーションは明快か直接的か）
C　家族の役割（役割は明確にかつ適切に決まっているか、家族を維持し家族のメンバーの発達を尊重するために責任は分担され注意深く見守られているか）
D　感情的な応答性（状況によって質的にかつ量的にも適切に反応する能力）
E　感情的な関わり（家族のメンバーの活動や興味にどのくらい関心を払い価値を認めるか）
F　行動の統制（危険、家族以外の人々との交流、また家族のメンバーの心身の欲求、例えば食欲、睡眠、性欲、攻撃性などに対して家族がみせるパターン）

つぎに紹介するのはティンバーローン健康家族研究と呼ばれる調査であるが、この研究は思春期の子どものいる家族を対象にしている点に特徴がある。

「家族の健康さの要因」

A　人と人のふれ合いにおいて温かい友好的態度が示される。
B　メンバーの主観的見解が尊重される。
C　人の行動の動機は常に複雑であって、単純な因果論では割り切れないという信念を家族のめいめいがもっている。
D　高度の能動性、積極性がある。
E　家族の構造が固くなく、混沌や無秩序に流されない。柔軟でしかも明白なけじめと境界線があり、両親連合が確立され、中核となっている。
F　各人の自立性の程度が高い
G　家族が全体として自分達に関して持っているイメージ（家族神話とよばれるもの）と第三者がその家族をみたイメージ、現実的イメージとの一致度が高い。
H　感情の表現が開放的であり、共感的受容能力がある。
I　さらに加えて、自発性ユーモア、イジメられ役の欠如、死の問題を回避しないなどの特色がある。

8　家族の健康さの再考

二つの調査から家族が健康であるためにはさまざまな要素が絡んでいることがわかる。まず大切なことは、ただ漠然と日々の生活を積み重ねるのではなく、暮らしの中で家族が互いの困難さに敏感であることであろう。とはいっても、常に神経を張りつめているのはしんどいことである。そこで、マクマスターの家族機能モデルがあげている家族の課題が役に立つ。なぜなら、これらはどの家族にも起きる危機的な状況であるからである。漠然と得たいの知れない危機感におびえるのではなく、これらの課題を意識しておくことで家族が対処しなければならない事柄が容易に理解される。

さて課題が明確になったとき、つぎに必要なことはなんであろうか。それはまず問題を解決する能力が高いことであろう。しかし、問題解決の能力が高いといっても、それがどのような内容を意味するのかは曖昧である。それは当然のことで、この問題解決の能力も家族の健康さと同様に他のいくつかの要素から作り上げられているからである。そこで、もう少し問題解決能力に関連する要素について考えなければならない。

個人の知的な能力の高さと適応力の高さの結びつきは強いといわれる。そのため、問題解決能力という言葉から、家族メンバーのそれぞれの知能が高ければ、その総体としての家族の能力も高いのではないかと考えるかもしれない。しかし、単に家族の一人一人の知能が高くても、家族全体の問題解決能力は高くならないようである。それに、ここでの能力とは知能指数などに表れるものではなく、苦難を乗り越える際の知恵や賢さのようなものである。とくに集団の場合、それを構成している人々の間の関わりの質がこの知恵や賢さに強い影響をもっている。そのことに関して二つの調査が主張している要素を見直してみよう。

どちらの調査からもわかることは、家族の間で役割と境界が明確でなければならないことである。そして夫婦関係が家族の中核になっていなければならないといわれる。現在の日本の家族の特徴として、父親の存在感が薄く、母親と子どもの結びつきが夫婦のそれよりも強いことが指摘される。このような状況は家族として不健康なのであろうか。家族にとって親密なことが一番だと思えるのに、なぜ家族の役割と境界が明確でなければならないのだろうか。

そのひとつの理由は、家族の間で境界が不明瞭な場合、自他の認識が薄いままに互いに依存しあい、個人の責任が不明瞭になるからである。それは個人の自律を妨げ、子どもの精神的な成長を阻害する。また、役割が不明瞭な場合には家族の間に特異な連合が生まれやすい。家族の一部に強い連合が生じる場合、そこに含まれない者は排除される傾向が生じる。しかも、家族に何か問題が生じるとその原因のスケープゴートとして利用される。そこまで極端でないとしても、問題が生じたときに家族の力が結集できないほど、誰かが家族の中心からははずれてしまうのである。これらのことが家族の役割や境界が明瞭で健全に存在していることの大切さであろう。

次に、互いの感情の交流が大切であるといわれる。交流の中でとくに大切なのは、家族が互いに思いやり、それを表現することである。気配り、気遣い、気がかりなど日本語には「気」という語を用いた表現が多数ある。それは人の感情に対して敏感な日本人の特性の現れであろう。そう考えると、日本の家族においてはこの感情の交流は得意とするところと思える。

しかし、反面で互いを傷つけるのを避け、批判や不満を腹に納めてしまいがちになる。それも日本人の特性である。そのため表面的には穏やかな関係の裏に感情的な緊張を抱える場合が少なくない。そこで、感情の交流とは異なる方法が必要となる。それが互いの意思のコミュニケーションである。二つの調査からは、お互いの考えを尊重し、互いが開放的であり、率直に意見を交換することの大切さが示唆されている。

以上の家族の健康に関わる事柄について整理したが、役割、境界、情緒と意思によるコミュニケーションには、互いに対立しやすい要素が内包されている。すでに述べたように家族は個人がその中で成長する器であり、個人の成長にともなって必ず家族の発達の危機や葛藤が生じる。何か問題が起きたときこれらの危機や葛藤がより深刻なものになるのは、上述のような家族の健康に関わる事柄が互いに矛盾しやすいためであろう。そのため、この対立しやすい要素をバランスよく保つことが家族の健康にとって非常に大切だといえる。

ところで、人は全く病気をせず一生を過ごすことができるだろうか。患うことによって身体に免疫ができて人をより剛健にする病もある。家族も常に健康であり続けることは難しい。それに一時的には不健康であっても、そこに生じる困難さを克服したときに家族は成長する。イジメの問題は家族にとって苦痛であるが、それを家族の課題として取り組むときには、その経験は家族がより健康な状態へと変化するきっかけとなるだろう。

〔参考文献〕

1　文部省初等中等教育局中学校課『生徒指導上の諸問題の現状と文部省の施策について』平成11年12月
2　深谷和子『イジメ世界』の子どもたち——教室の深淵』金子書房、一九九六年
3　森岡清美・望月嵩『新しい家族社会学　改訂版』培風館、一九九〇年

〔資料〕 資料1 大河内君遺書／資料2 鹿川君遺書

［資料1］

大河内清輝くんの遺書　一九九四・一一・二七

（朝日新聞・一九九四・一二・六　記事より）

いつも4人の人（名前が出せれなくてスミマせん。）にお金をとられてしまいました。そして、今日、もっていくお金がどうしてもみつからなかったし、これから生きていても…。だから……。また、みんなといっしょに幸せに、くらしたいです。しくしく！

小学校6年生ぐらいからすこしだけいじめられ始めて、中1になったらハードになって、お金をとられるようになった。中2になったら、もっとはげしくなって、休みの前にはいつも多いときで60000、少ないときでも30000～40000、このごろでも40000。そして17日にもまた40000ようきゅうされました。だから……。でも、僕がことわっていればこんなことには、ならなかったんだよね。スミマせん。

もっと生きたかったけど……。家にいるときがいちばんたのしかった。いろんな所に、旅行につれていってもらえたし、何一つ不満はなかった。けど……。

あ、そうそう！　お金をとられた原因は、友達が僕の家に遊びにきたことが原因。いろんなところをいじって、お金の場所をみつけると、とって、遊べなくなったので、とってこいってこうなった。

オーストラリア旅行。とても楽しかったね。あ、そーいえば、何で、奴らのいいなりになったか？　それは、川でのできごとがきっかけ。川につれていかれて、何をするかと思ったら、いきなり顔をドボン。とても苦しいので、手をギュッとひねって、助けをあげたら、また、ドボン。こんなことが4回ぐらい？あった。特にひどかったのが、矢作川。深い所は、水深5～6mぐらいありそう。図1〈図は省略〉みたいになっている。

ここで矢印（A）につれていかれて、おぼれさせられて、矢印の方向へ泳いで、逃げたら、足をつかまれてまた、ドボン。しかも足がつかないから、とても恐怖をかんじた。それ以来、残念でしたが、いいなりになりました。あと、ちょっとひどいこととしては、授業中、てをあげるなとか、テストきかん中もあそんだとかそこらへんです。

家族のみんなへ

14年間、本当にありがとうございました。僕は、旅立ちます。

でもいつか必ずあえる日がきます。その時には、また、楽しくくらしましょう。お金の件は、本当にすみませんでした。働いて必ずかえそうと思いましたが、その夢もここで終わってしまいました。

そして、僕からお金をとっていた人たちを責めないで下さい。

僕が素直に差し出してしまったからいけないのです。しかも、お母さんのお金の2万円を僕は、使ってしまいました（でも、一万円は、和子さんからもらったお年玉で、バッグの底に入れておきました）

まだ、やりたいことがたくさんあったけれど、……。本当にすみません。いつも、心配をかけさせ、ワガママだし、育てるのにも苦労がかかったと思います。おばあちゃん、長生きして下さい。お父さん、オーストラリア旅行をありがとう。お母さん、おいしいご飯をありがとう。お兄ちゃん、昔から迷惑をかけてスミマせん。洋典、ワガママばかりいっちゃダメだよ。また、あえるといいですね。

最期に、お父さんの財布がなくなったといっていたけれど、2回目は、本当に知りません。

ｓｅｅ　ｙｏｕ　ａｇａｉｎ

いつもいつも使いばしりにもされていた。それに、自分にははずかしくてできないことをやらされたときもあった。そして、強せい的に、髪をそめられたことも。でも、お父さんは僕が自分でやったと思っていたので、ちょっとつらかった。そして20日もまた金をようきゅうされて、つらかった。あと、もっともつらかったのは、僕のへやにいるときに彼らがお母さんのネックレスなどを盗んでいることを知ったときは、とてもショックだった。あと、お金もとっていることも…。

自殺した理由は今日も、４００００とられたからです。そしてお金がなくて、「とってこれませんでした」っていっても、いじめられて、もう1回とってこいっていわれるだけだからです。そして、もっていかなかったら、ある1人にけられました。そして、そいつに「明日『12万円』もってこい」なんていわれました。そんな大金はらえるわけありません。それにおばあちゃんからもらった、１０００円も、トコヤ代も全て、かれらにとられたのです。そして、トコヤは自分でやりました。とてもつらかったでした。（23日）　また今日も、一万円とられました（24日）　そして今日は、2万円もとられ、明日も4万円ようきゅうされました（25日）　あと、いつも、朝はやくでるのも、いつもお茶をもっていくのも、彼らのため、本当に何もかもがいやでした。

　なぜ、もっと早く死ななかったかというと、家族の人が優しく接してくれたからです。学校のことなど、すぐ、忘れることができました。けれど、このごろになってどんどんいじめがハードになり、しかも、お金もぜんぜんないのに、たくさんだせ、といわれます。もう、たまりません。最期も、ご迷惑をかけてすみません。忠告どおり、死なせてもらいます。でも、自分のせいにされて、自分が使ったのでもないのに、たたかれたり、けられたりって、つらいですね。

　僕は、もう、この世からいません。お金もへる心配もありません。一人分食費がへりました。お母さんは、朝、ゆっくりねれるようになります。ようすけも勉強に集中できます。いつもじゃまばかりしてすみませんでした。しんで、おわびいたします。　あ、まだ、いいたいことがありました。どれだけ使い走りにさせられたかわかりますか。なんと、自転車で、しかも風が強い日に、上羽角から、エルエルまで、たしか1時間でいってこいっていわれたときもありました。あの日はたしかじゅくがあったと思いました。あと、ちょくちょく夜でていったり、帰りがいつもより、おそいとき、そういう日はある2人のために、じゅくについていっているのです。そして今では「パシリ1号」とか呼ばれています。あと、遠くへ遊びにいくとかいって、と中で僕が返ってきたってケースもありませんでしたか。　それは、金をもっととってこいっていわれたからです。　あと、僕は、他にいじめられている人よりも不幸だと思います。それは、なぜかというと、まず、人数が4人でした。だから、1万円も4万円になってしまうのです。しかもその中の3人は、すぐ、なぐったりしてきます。あと、とられるお金のたんいが1ケタ多いと思います。これが僕にとって、とてもつらいものでした　これがなければいつまでも幸せで生きていけたのにと思います。　テレビで自殺した人のやつを見ると、なんで、あんなちょっとしか、とられてないいんだろうっていつも思います。最後に、おばあちゃん、本当にもうしわけありませんでした。

［資料2］

鹿川裕史くんの遺書　一九八六・二・一

（毎日新聞　一九八六・二・三　記事より）

家の人そして友達へ。

突然姿を消して申し訳ありません。くわしい事については○○とか××とかにきけばわかると思う。俺だって、まだ死にたくない。だけど、このままじゃ「生きジゴク」になっちゃうよ。ただ俺が死んだからって他のヤツが犠牲になったんじゃいみないじゃないか。だからもう君達もバカな事をするのはやめてくれ、最後のお願いだ。

昭和六十一年二月一日

鹿川裕史

2　家族の中での癒し

国谷　誠朗
元聖徳大学教授

一　序　論

この章の目的はいわゆる「家族療法」の立場からイジメについて考えることである。

イジメは人間関係の病理性の一つであるために、もちろん家族関係の中にも存在している。しかし、一般にイジメを論じて、そのあらわれを家族関係の中に見つけようとするのは正しくないといえるであろう。というのは、イジメはその複雑な相互作用的人間関係の原型を家族関係の中にもっていて、そこから発展した病理性がコミュニティー、学校、社会生活に及ぶと考える方が妥当性があるからである。

イジメは家族の中にもあるという発想よりも、「イジメのルーツを求めると家族関係にたどりつかざるを得ない」という考え方の方が説得力があるであろう。しかし健全な家族関係には、通常、心の傷を自分たちの相互作用によって自然に「癒していく」能力がある。ここでいう「癒し」は治療に対比される健康回復過程であって、治療の人為性に対して、自然発生的意味合いを含んでいる。

「癒し」は自発性という特性をもつだけでなく、治療が部分的なものであるのに対して、全体的〔ホーリスティック〕であり、心身一如の現象でもある。治療は医学モデルに基づいて、症状を明確にし、それを除去しようとする。治療者は患者と呼ばれる人に、何かすぐ、役に立つことをしなければならない衝動を感じる。これに対して「癒し」は、人間としての成長モデルに基づいており、人生に充実感、解放感、満足感を与える。結果的に、心身の健康がもたらされるというのが「癒し」である。家族療法といわれる家族への働きかけは学派の理論的枠組みを越えて、この「癒し」の能力を開発する試みといってよいであろう。

この意味でこの半世紀の間、家族療法と称する家族関係の修復の試みが、急速に展開された。その理論的枠組みは、精神分析の精神力動論から行動療法にいたるまで、非常に広範囲にわたっている。筆者はイジメの根本的な原因を考究するにあたって、家族療法的な考え方が有用であると信じているし、家族の中での「癒し」の能力が人間関係の病理性の予防、健全化へつながるものと信じている。

この信念は臨床家としての直感に基づいたものにすぎない。しかし、そこに私を導いたものは、社会的実存主義者といわれる、マルチン・ブーバーの対話的原理に関する哲学である。ブーバーは言う（一九六七）。

「我、それ自体というものは存在しない。存在するのはただ、根源語・我―汝における我と、根源語・我―それにおける我だけである。人間が我を語るときには、この二つの我のうちのいずれかが、おのずから意味されている。人間が我を語るときそこに存在するのは、その場合に意味されている方の我である。また、人間が汝を語ったり、それを語ったりすれば、ふたつの根源語のいずれかにおける我が自ずからそこには存在している。我であることと、我を語ることとは同一である。我を語ることと、二つの根源語のうちのいずれかを語ることとは同一である。」

ここでブーバーが述べていることは、我とか自分自身というものは単独な存在ではなく、それに付随した関係性を必ず伴っているということである。自分一人で、徹底した個人主義者であると信じている人は、他の人間を対象物、客観的な人々というかたち、「それ」というかたちで扱っているという。真実の関係とは、ブーバーによれば、「我―汝」（私―あなた）の関係である。私がここに存在して、二人称の存在としての、あなたが目の前にいるという出合いの関係であるという。これを繰り返し、繰り返し述べているのである。この「私」と「あなた」の二人称的な出合いの関係がずれて、相手を三人称のそれ、彼、彼女と見るときに「イジメ」とか、「依存」という関係の病理性が生じる。それを回復するための援助が、つまり「我―汝」の関係を確認するのが、「癒しの技」であると考えられる。しかし、本来、自発的特性をもつ「癒し」を人為的な意味をもつ「技」によって実現しようとするのは無理ではあるまいか。この矛盾についての考察も必要であろう。

ブーバーはさらに次のように述べている。

「私が汝と出会うのは、恩寵によってである。――探し求めることによって汝は見いだされない。」

つまり、ブーバーが言いたいのは、「癒し」とか「出会い」とか言われる関係の修復が、神の恩寵としか言いようのない不思議な自発性に基づくものであって、私の中にある自発性と、相手の中にある自発性とが自然に出合いをおこすということで、まさに奇跡的な現象であるというわけである。少なくともそれは非常に自然発生的に見え、恩寵と記述するのが最もよい言語的メタファーの適用ということになる。このことをも含めて、ややトランスパーソナル心理学に傾くかもしれないが、家族の中での「癒し」の問題に直面して考えてみたい。

二　研究史的展望

すべての心理療法の源流はシグモンド・フロイドにまでさかのぼることができるが、精神分析の領域で家族療法の源流をたどるとすれば、ハリー・スタック・サリバンにまでたどりつくだろう。サリバンは自分の心理療法を対人関係の精神療法（interpersomal psychotherapy）と呼んでいる。サリバンによれば心理療法は、つねに二人の人間の間で進行するインターパーソナルな人間関係のプロセスである。この人間対人間、人間関係を意味するインターパーソナルという言葉は、サリバンの心理学の基本である。この意味で彼は、人間と人間との関係の病理性・健康性に気づいた時代の先覚者ということができる（一九五三）。サリバンは人間が自分の対人関係に「気づく」（"to be aware"）度合いに応じて、精神的な健康性を獲得するという基本原則を繰り返して述べていた。その人間関係の健康性をさまたげる、一つの要因として、「不安」という概念がある。ここでいう「不安」という概念はサリバン特有の術語であって、彼はあらゆる形式の情動的悩みを指して、「不安」と総称している。「不安」には心配・緊張感・恐れ・罪の意識・不確実感・人格的無価値観・

恥・自己嫌悪・人格変化におびえる感情・他のあらゆる形式の情緒的苦悩が含まれる。「不安」にはほとんど認知できない心配から、耐えられないパニックに至るまで様々な程度がある。サリバンはこのような情緒的悩みを細分して分類することは、臨床的には役立たないと信じていた。サリバンにとって、「不安」は対人関係の健全性を妨害する働きを示すもので、その「不安」を処理することに治療的な意味があるという立場をとった（チャップマン一九七九）。サリバンにとって「不安」の対概念にあたるのが「安心」(security)である。各人が「安心操作」(security operation)と名付ける対人的方策によって「不安」を減らし、「安心」を獲得するという絶え間ない努力をしている、とサリバンは考えた。この「安心操作」には観察可能な対人的行動が必ず含まれている。これがサリバンの精神療法の基本にある考え方の一つである。そこでは二人、またはそれ以上の人々の間で何かが起きるという。サリバンの「安心操作」の概念は対人関係によって基礎づけられており、フロイドの防衛機制やその他の個人心理療法の考え方と著しく異なる特徴を持っていて、後に家族療法が生まれたとき、そのひとつの理論的源流となったのである。「安心操作」には健康なものと、不健康なものとがある。健康な「安心操作」は機能的な人間関係にみられ、あまり専門家の注意を引かないが、昇華(sublimation)、選択的不注意(selective inattention)などと呼ばれる働きが、典型的な例である。精神療法中においても、「安心操作」が発生する。サリバンはきわめてクライエントセンタードな治療態度をとっていた。それは治療者がもし、患者に引き続き「安心操作」のよりよい解決方法を与えることができないならば、現時点で患者のやっている「安心操作」を分析したり暴露したりするべきではない、という原則によって示されている。つまり、より健全な対人的パターンを与えられないならば、患者から決して現在の「安心操作」の方法を奪ってはならないというのである。少なくとも、患者の不安を減少させるか、あるいは、よりよい機能レベルに再統合できるかという自信がなければ、中途半端な分析はかえって害があると、サリバンは固く信じていた。サリバンはパラタクシス的歪曲（parataxis distortion）という概念を精神科医であるトーマス・V・ムーアから採用した。ムーアは今世紀初めの三〇年間アメリカの多くの精神科医に影響を与えたといわれ、カトリックの聖職者でもあった（チャップマン一九七九）。「パラタクシス的歪曲とは、ある人が別の人を、あたかも誰か他の人――一般に過去の対人生活で親密であった人――のように扱う場合をいう」と定義されている。つまり、ある人をありのままに扱えなくなるのである。それはフロイドの転移という考え方に似ているが、かなりニュアンスの違う概念である。パラタクシス的歪曲の概念はフロイドの転移に新しい言葉をつけただけだという反論がしばしば聞かれる。その人々はパラタクシス的歪曲について十分に理解していない。どこが違うかというと、フロイドは転移を以前の外傷体験の感情的再体験と考えたが、サリバンのパラタクシス的歪曲では体験を再現するのではなく、過去長年にわたって徐々に発達してきた「感情及び、行動のパターン」が単に繰り返されるにすぎないという。パラタクシス的歪曲は転移のように、両親との関係が治療者に対して「再現されるのではなく」、患者は以前に培った生活パターンを人間関係に持ち込んでいるにすぎない。くり返し体験され、パターン化されるという学習モデルをサリバンは重視している。例えば、幼時、兄にイジメられ、おびえた弟が小学校で同じ様な「おびえ」を示し、イジメを誘発するということになるとする。これはパラタクシス的歪曲の例になる。サリバンはパラタクシス的歪曲の明確化がしばしば患者を不安に陥れると考えた。したがって患者は患者自身のパラタクシス的歪曲の探求において、主導的に自発的に振舞うよう、導かれねばならないと考えた。サリバンの臨床心理学における一つの基本的な原理は、健康への傾向をすべての人々が持っているという仮説である。これが「癒しの自発性」につながる。不健康な安心操作、パラタクシス的歪曲、その他の妨害的要因が除去されると、患者は自然に情緒的健康へと成長していく、とサリバンは考えた。したがって家族関係におけるパラタクシス的歪曲や歪んだ安心操作が家庭内でイジメの現象を生み出すかもしれないが、援助的介入によって徐々に明確化され、取り除かれれば、自然に健康な家族関係が確立されていくと考えたのである。これは後のシステム論的家族療法の基本原理に通じるもので、サリバンは時代の先覚者ということができるであろう。

サリバンの考え方は一九四〇年代の米国の心理療法界に新風を吹き込んだが、一九五〇年代になると、さらに大きな革命的発想が出現して、家族関係の心理臨床の流れの転換に寄与した。グレゴリー・ベイトソンらによって導入されたシステム論的・サイバネティクス的考え方である。その中核的なモデルが、ベイトソンの二重拘束仮説である。この仮説は家族関係をコミュニケーションの過程として分析したものであって、精神分析の理論が支配的であった当時の心理療法界にとって一つのカルチャーショックでもあった（亀口一九九七）。ベイトソンらの考え方によれば、心理療法とは治療者と患者との間の相互作用に基づく対話的な関係であり、両者が協同作業を行うことによって、治療はより効果的に遂行される。サリバンの考え方の中にもあったが、治療者は参加的観察者（participant observer）として機能する。または、参加的ファシリテーター（participant facilitator）として治療関係を促進する。

ベイトソンの二重拘束論については詳しく説明する紙数がないが、ごく簡単にその要点をまとめておくと、コミュニケーションには内容のメッセージと、その内容が、瞬間、瞬間伝えられるプロセス、つまりどのようにして言葉の内容が伝えられるか、という方法（how）、「いかに伝えられつつあるか」という側面があり、後者はメタ・コミュニケーション、または「関係メッセージ」と呼ばれる。そして、「内容メッセージ」と「関係メッセージ」が矛盾した場合に、それを受ける受け手が強い圧迫感、ないしはストレスを感じるという。つまり、犠牲者になるという理論である。具体的に例示すれば、「親の言うことには反抗しない方がよい」というソフトな規制の「内容メッセージ」が言語的に与えられる。さらに、別の次元でこの命令に絶対に反抗してはならないという「関係メッセージ」が与えられる。しかも、その「関係メッセージ」は無言の圧力として、表情のきつさ、声の調子などで伝えられる。「内容メッセージ」とは違う次元で、犠牲者が言語化できないようにして伝えられるのである。すると受け手は、もやもやした、言語化できない圧力を感じるという。しかも家庭という環境はそこからの脱出を制限するから、犠牲者の受けるストレスは著しいものになる。この二重拘束論はのちにＭＲＩ（Mental Research Instiute）学派と呼ばれる家族療法の学派の理論的基礎となった。また、ベイトソンの流れは家族療法の展開の強力な原動力となった。

これと同じ時代に交流分析（transactional analysis）がエリック・バーンによって開発され、自我状態の理論に基づく自我分析に様々な交流タイプの分析が加えられ、一つの体系が形成された。交流分析は集団精神療法の中でも、家族をメタファーとして使った自我状態分析から出発していた。それは家族療法と多くの共通点を持っていた。中でもバーンの弟子、ステフェン・カープマンが創案したドラマ三角形のモデルは注目に値する（一九六八）。家族内で迫害者・犠牲者・救援者の役割が生じやすいということ、しかもこれらの役割の交換が行われるとき、例えば、イジメられた者が助ける者に役割交換を行う時に特有のスリルが感じられて、「やみつき」になるという理論である。ドラマ三角形の理論によると、家族関係のトラブルがきわめて明解に分析できる。また、多くの場合、家族成員の自己分析によってそれからの脱却も可能になる。

このような状況の中で一九六〇年代の米国では家族療法が台頭し、やや遅れて、家族心理学が体系化されてきたのである。一九七〇年代に家族心理学者として家族そのものの心理学的分析を理論化したのがルチアーノ・ラバーテであった。ラバーテは心理学者として発達心理学から出発したが、家族に特有の人間関係の発達のモデルがあることに着目し、交渉する能力と愛の能力という二つの能力が家族関係の重要な構成要因になると理論化した（国谷一九九四）。

ラバーテによると、対人関係における社会的資源の交換は所有、行為、存在、の三つの様態の交換として行われ、そのうち所有、行為レベルの資源の扱いに関する能力が交渉能力である。それに伴って物、金、情報、サービスが獲得される。それとは別の次元で存在と存在の関わりがある。その存在と存在との関係促進の能力として、愛の能力が概念化される。

存在と存在との理想的関係は、「私は重要である。あなたも重要である」という対話的関係であって、哲学者マルチン・ブーバーの『我―汝』の考え方に類比される。この「私は重要である。あなたも重要である」というかかわりに病理的な歪みが生じた状態が、「私は重要である。あなたは重要でない」（自己中心）、「私は重要でない。あなたは重要である」（自己卑下）、という関係である。これらの関係は家族関係で交互に反転しつつ繰り返されることが多い。ここからイジメ、過保護の問題が生ずるとラバーテは考えた。さらにこの状態が続くと、「私は重要でない。あなたも重要でない」というアパシーの状況に陥る。家族療法による介入はそれを事前に予防し、「私も重要である。あなたも重要である」という関係を回復するようにもっていくのがねらいとされている（国谷一九九四）。以上振り返ったように、サリバンからラバーテにいたる研究史的展望を踏まえた上で、まずラバーテ理論による健全な家族関係を見てみたい。それは「私も重要である。あなたも重要である」という存在と存在との関係に基づくものである。

三　ラバーテ理論による健全な家族関係

すでに述べたように、ラバーテの家族心理学は心理学界における最初の家族に関する臨床的モデルの体系化ともいえるものである。その中核となる概念は「私も重要である―あなたも重要である」という相互の存在の尊重を家族の健康性の指標とするところにある。

この意味でラバーテの家族心理学は対人関係を重視した、対話的な関係を中核として展開されている。「私は重要である。あなたも重要である」の関係が崩れるときに、「私は重要でない。あなたは重要である」、「あなたは重要でない。私は重要である」という重要性の偏りの関係が生じ、ここにイジメ、甘え、過保護などの病理的な関係が生じるとラバーテは考える。

このような病理的な関係はラバーテの別のモデルによると、リアクティビティー（reactivity）「反応性」とよばれる相互反応の連鎖を形成する。病理的な家族には、リアクティビティー、つまり一定のパターンにはまった相互反応の反復がみられるようになるという。このような病理的な反応性が家族の中で生起すると、代替案としての違うタイプの相互作用が制限され、同一パターンの相互作用が反復される。

イジメ・イジメられる関係、甘え・甘やかす関係もそのような病理性のあらわれであって、「私は重要である。あなたは重要でない」という関係からイジメ役とイジメられ役という関係が固定してくる。イジメる人は自分の重要性を主張し、相手を重要でない存在、つまり自分にとっての利用対象としてしか考えないようになる。

図1はラバーテの理論体系の概要を示すものである。まず対人能力の学習は、家族関係の中で「接近―回避」という適切な空間的枠組みの学習、刺激への反応時間を延期するか、しないですぐ発散するかの「発散―延期」という時間的枠組みの中での学習として始まる。その後二つの系統の対人能力が発達する。

図に示してあるように、交渉する能力と、愛する能力とが別の発達路線をたどって学習されていく。交渉する能力の発達については、行為と所有という様態が必要であり、行為に対してはパフォーマンス「うまく行為すること」、所有に関しては生産性のスキルが必要である。これに対して、愛する能力においては「今、ここに存在すること」が重要なスキルとなり、それには実存的な対話的な能力が必要であって、自分のセルフと他者のセルフの「存在」に気づき、それぞれの存在の重要性を認知するという能力が不可欠とされている。この愛する能力の発達は、ある家庭においては著しく歪められ、交渉する能力だけがかたよって発達する（国谷一九九四）。

そこで愛の欠如した家庭、すなわち病理的な対人関係を生み出す家庭で存在の重要性の認知の歪みから、

Interpersonal Competence）

スキル Skills	モデル Models
PRESENCE 今ここにいること	1．selfhood 2．love 3．negotiation a．structure b．process Ⅰ．ARC Ⅱ．ERAAwC Ⅲ．Priorities (vertical & horizontal)
PERFORMANE パフォーマンス	SETTINGS 状況 1．home 家庭 2．work 職場 3．leisure レジャー 4．transit 移行 5．transitory 一時的
PRODUCTION 生　産	

イジメ・イジメられる関係が発生する。これがラバーテの理論の骨子である。

愛する能力の啓発のためにはパフォーマンス・物・金とは違った次元のリソースが必要である（ラバーテ一九九四）。この存在と存在との相互作用が認知されなければ病理性に気づいて、これを改善することが不可能である。したがって愛する能力を啓発するためには、対人関係のプロセスへの気づきが何よりもまず必要であるという。ラバーテの理論によれば、交渉する能力はパワーに関するものであり、愛する能力には存在そのものが関与する。

ラバーテ自身、存在と存在との関係としての広義の愛と、より狭義のかかわりとしての愛とを使い分けているようである。交渉する能力に対応するものとしての愛の能力というとき、広義の愛が意味されている。広義の愛とは自己と他者の重要性の認知、「私も重要である。あなたも重要である」という意識での関係を意味する。

ラバーテは一方において、愛のオペレーショナルな定義をしている。愛には「ケアする、配慮する」

図1 対人関係の能力についての発達論的理論（A Developmental Theory of

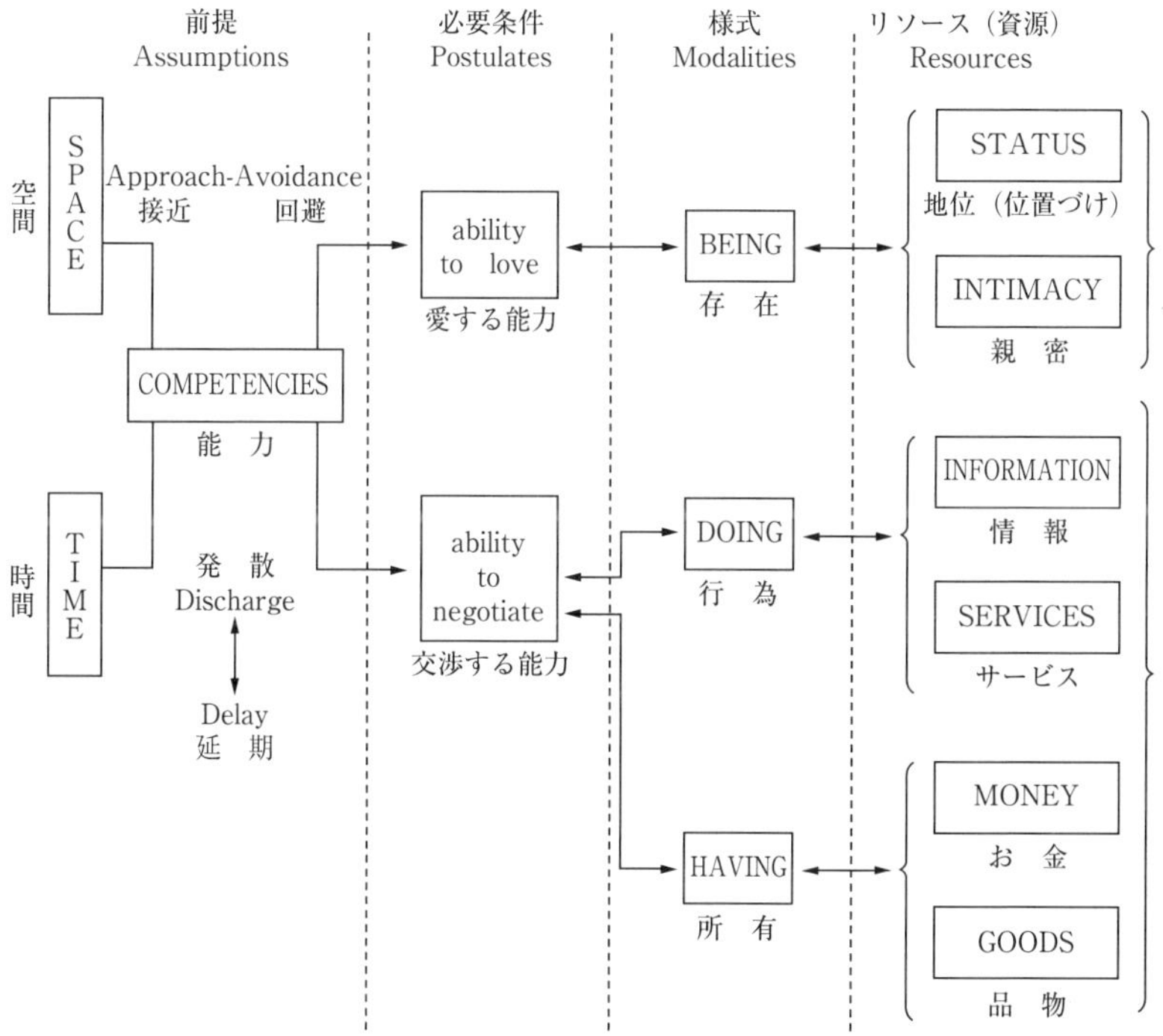

という側面がある。進んで世話したくなるような、かかわりへの欲求から愛が生じる。愛するものが病気になった場合でも、億劫がらないで世話できるという要素が愛にはある。また愛の不可欠な要素でもある。

しかし、ケアの中には支配する、相手を思い通りにしたいというコントロールの欲求が含まれる。この側面が異常に大きくなれば、どうしても過保護ということになり、その過保護の枠の通り相手が行動しなければ、イジメる、罰を加えるという方向に走りがちになる。

同時にまた愛のもう一つの側面

として、重要なのは「ゆるし」であるとラバーテは考えている。「ゆるし」とは相手が自分の期待通りにならなくても寛容にその人の存在を受容するということである。いわゆる情熱的な愛には、相手をこちらの思うままにもっていきたいという期待と要求が含まれてしまう。そのような期待と欲求に気づき、相手をありのままに受容して「ゆるす」ことが、すなわち相手の存在を無条件に尊重することにつながる。「ゆるし」を実践するためには、相手を尊重するだけでなく、自分自身の相手への期待を取り消し、なおかつ自己の存在を受容し、許容し得るという自分への重要性の認識が必要である。

ここで、「私も重要である。あなたも重要である」という相互関係が再び見直されてくる。さらにラバーテは愛の構成要素として重要な要素「分かち合い」があるという。「分かち合い」とは感情の共有化、共感性、特に痛みを伴う苦痛の感情をどの程度分かち合えるかということである。

このように愛というものを考えると、愛からの逸脱がイジメ・イジメられる関係であることが理解できるであろう。先にも述べたように、ラバーテは繰り返される相互反応がパターン化してくることをリアクティビティー（反応性）と呼び、一つの病理的な関係として受け止めているが、この関係が長く続くと家族成員はアパシー（無感動）の状態におちいるという。

アパシーの状態は「私もＯＫでない。あなたもＯＫでない」という相互否定の関係によってあらわされる病理性の最も深い状態であって、家族成員は交渉もせず、たがいに引きこもったり、そっぽを向いたりしているという状況になる。

リアクティビティーの状況から脱出してさらに高い次元に向かい、関係の健康性を高めると、コンダクティビティーの状態、つまり先導性の状態になるとラバーテはいう。コンダクティビティーとは積極的に周囲を見回し、自分達の中にある関係の歪められた状況に気づき、その中での痛み、苦しみの分かち合いが可能になる状態でもある。

こうなると、家族関係はきわめて急速に改善されていくという不思議な「癒し」の過程が生じる。実際に家族関係の臨床にあたってみると、家族の嫌な面をすぐに開示するという家族はきわめて少ない。イジメ・イジメられる関係は隠ぺいされ、家族はあたかも何事もなかったかのように問題を軽く見ている。その結果、長期的にみると不満が蓄積して、離婚、家出、心身症反応など非常に忌まわしい問題を招くということが予測できない。それではなぜ、人々は、リアクティビティーからアパシーへという苦痛の多い病理的関係に落ち込むのであろうか。その理由についていくつかの考え方がある。ひとつにはラバーテの言うように気づきの欠如であり、習慣化して繰り返された反応はそれに対する感覚を麻痺させてしまうからであろう。よりよい代替案の存在は意識のかなたに押しやられてしまう。第二にあげられるのは、病理的な反応を繰り返しているときに、一種の快感があり、その快感は予測可能性の安全感にも通じるものがあり、また最近の脳生理学では一種の脳内麻薬が分泌されるという説もあるほど、習慣化した嗜癖的な行動への誘因があることも見逃されてはならない。

性的サディズム、性的マゾヒズムの場合、相手をイジメることによって、性的な興奮が喚起され、また、イジメられることによっても、性的な興奮が喚起されるのは周知の事実であるが、家族間におけるイジメ、イジメられる関係にも似たような快感を刺激する興奮状態があるという考え方もされている。しかしその生理学的根拠についてはまだ、解明されるにいたっていない。このようなわけで家族の中には同じような反応が繰り返されるというパターンが生じ、そのパターンの修復を願って意図される行動が、またそのパターンをさらに悪化させるという悪循環が生じ易い。

例えば、夫婦関係を仲裁しようと子どもが立ち上がった場合、子どもの仲裁についての行動が未熟であるために、夫婦喧嘩はますます悪化することが考えられる。しかし、子どもは必死になってその努力を繰り返す。それが一つのパターンとして定着してしまう。そういうことが家族関係の病理性にはしばしば見られる。さらにこの悪循環が増幅されて、繰り返されつつ、とどまるところをしらなくなることが多い。

四　ラバーテ理論の応用としての事例——「ゆるし」と「癒し」

ラバーテは、愛の重要な構成要素として「ありのままの相手を受け入れること」があり、これを「ゆるし」と呼んだ。「ゆるさない状態」とは、相手を変えようとし、コントロールしようとする状態である。他者をコントロールしようとする試みは上述のとおり、不毛な繰り返される相互作用を生み出す。次のような事例がある。

夫、A、四六歳。小企業経営。五歳下の弟がいる。妻、F、四三歳。夫の会社の役員、事務手伝い。子はいない。夫が自分の父親との葛藤のストレスで、反応性のうつ状態となり、医師の紹介で夫婦カウンセリングを始める。

Aの父親は会社の創立者の長男で、二代目ワンマン社長。何としても、Aを後継者にしたい。Aは大学生の頃から絵が好きで、画家になりたかった。彼は経営者として、自発性・積極性に欠ける面があり、父に叱られることが多かった。妻は、内助の働きが不十分と、しばしば舅と姑から批判され、嫁いびりの被害者であると自覚していた。夫婦間での表面的争いこそなかったが、関係は冷え切っていた。

夫婦は両親と別居してはいたが、同じ町内に住んでいた。ついにAは自室に閉じこもり、口をきかなくなってしまった。Fも愛想をつかし、離婚を考え始めた。夫婦カウンセリングは精神科医の往診を含む危機介入が終わり、夫婦ともに、表面上安定してから始めた。

まず、人生の再出発を図りたいという契約を取った。カウンセリングの初期の面接では自殺をしない、離婚をしないなどの非破壊的契約の確立に時間をかけた。続いて、親に対する否定的感情に気づき、それに直面し、親を別の視点から見直すよう誘導、教育した。

さらに次の段階で、ある人への期待を明らかにし、その期待の非現実性に気づき、期待をキャンセルして自分が楽になることが「ゆるし」であることを教え、特定の人の特定の行動を「ゆるす」実習を数回実施した（国谷一九九七）。

夫婦関係は良い方向へ急速に変化し、夫の両親との関係にも改善がみられた。つまり、「私も重要である。相手も重要である」という考え方に一歩近づいたのである。このことをきっかけとして、夫のうつ状態に著しい改善がみられ、口もきけなかった父親と夫とが親しく語り合えるまでになった。

五　家族関係での「イジメ」と「癒しへの道」

この症例が示しているように、「ゆるし」はその必要性に気づくまでにかなりの時間がかかるし、相手に対してもっている恨み、憎しみと直面し、その背後にある期待や要求に気づくのに時間がかかる。多くの場合そのような状況にありながら、自分自身の否定的な感情には気づかないものである。イジメ、イジメられる関係もこれに似たものであって、家族関係においてイジメ・イジメられる関係が日常茶飯事的に繰り返されると、その相互作用過程についての気づきは著しくせばめられ、あたかもそういう事実がないかのように家族全員が信じてしまうことが多い。

したがって、家族の中にイジメが実在するかどうか、プロセスとして診断することは患者、家族の訴えを頼りに判断する限り、きわめて難しいということになる。家族関係での病理性を診断するためには、専門家による鋭い仮説化が必要であって、家族自身はそのような問題に全く気づいていないことが多い。

ここに家族関係におけるイジメ・イジメられる関係、その他の関係の病理性の診断、援助における最も困難な問題がある。それは家族自身ではイジメ・イジメられる関係に気づいていないことである。最初にその関係に気づくのはイジメられる被害者である。しかし、被害者はその受けているストレスについて発表する場は与えらず、発表しても周囲の力強い声によって打ち消されてしまうことがきわめて多い。

このような場合、イジメられる被害者がまず、心身症の症状を示したり、自傷、自殺企図などの問題をおこしたりすることになる。そのような症状としてあらわすことも難しい場合には、かえって、反抗的な態度をとり、反社会的な行動、他傷、時によっては他殺などの事件を起こすこともある。日本における家庭内暴力の様相の中に自分より目上の人、親、祖父母などに対する暴行、時によっては殺人などの事件が起こるのもこの状況を説明する傍証となるであろう。

ここでも二重拘束の理論が当てはまる。ある制約を加えた家族成員はその制約ないしは禁止状況が隠ぺいされるような圧力を無言のうちに加える。それによって、イジメられる成員はそのストレスのはけ口を他に求めたり、表出したりする道を閉ざされることで、さらにストレスを強く感じることになる。

家族内におけるイジメ、虐待などのモデルの深刻さは、このように本来ストレスのはけ口となる両親、親密な家族成員がかえって、その苦しみについての発言をおさえる役割をとるところにある。

このために、犠牲者のストレスは悪循環によって、増幅されることになる。このようにして、犠牲者は急速にラバーテのいわゆるアパシーの状況におちいり、通常の人間が感じたり、悲しんだりするようなことを耐えられるような鈍感さを身につける（ラバーテ一九九四）。

すでに繰り返し述べたようにラバーテはじめ、家族心理学者の発見したことは、家族内でいわゆる問題行動が起きると、それが繰り返され、増幅される傾向があるということである。反応が相互的になり、習慣化すると、それを解決しようとする努力がかえって問題を悪化せしめ、解決努力によって問題が増幅されることが多い。

一つの例をあげると、兄と妹の間にわずかな性的ないたずらが行われたとする。妹は我慢して兄のいいなりになっている。母親がそれを見つけて厳しく咎めだてをしたとする。このことをきっかけにして、兄妹間の性的な逸脱行動は近親相姦にまで発展していくことがある。しかもそのことが親に隠ぺいされて、ひそかに行われる。隠ぺいがストレスを増し、それが問題を悪化させるという一つのパターンである。

夫婦喧嘩に例をとってみよう。夫の家庭内における無気力、引きこもりを批判する妻がいるとしよう。この妻の批判的行動によって、夫の無気力、消極性はますます助長される。これに対して、姑が、つまり、夫の母親が干渉する。そのことによって妻はますます怒りの感情を刺激され、夫に対して批判的になる。夫は母親に甘えるために、ますます引きこもり、消極的になる。すると、姑、嫁、夫の三角関係によってイジメ・イジメられる関係が自動的に増幅され、悪循環におちいる。

このような悪循環は気づかぬうちに行われている。これに家族が気づく必要がある。家族関係の病理性が、いやされるためには、何よりもまず、現状の悪循環、問題解決の努力が非生産的であるという事実を認識しなければならない。ところで、家族成員は問題解決のためによい、と思ってある課題に集中し、尽力しているることが多い。その集中、尽力がかえって問題を大きくしているというのである。

このような状況のときに、「自分達の尽力、熱中そのものが大きなむなしい努力である」ことに気づかせるのには特別の技法がいる。また、特別の態度で臨まなければならない。家族療法でいうと、エンゲージメントという段階であるが、相互に相手を思い通りにしようとして、夢中になっている姿に気づいてもらうのには高度の技法が必要である。

おおむね二つのアプローチが考えられる。第一は、言語的な記述によって現状を分析する方法である。鉛筆と紙を使って記入課題の形式で書き記すことによって、気づきを増大する方法である。ラバーテは様々な記入課題のシリーズを開発している（国谷一九九四）。

その他にも交流分析では記入課題によって、自分の自我状態に気づいたり、ストローク・パターンに気づいたり、自分の人生脚本というものがあることに気づくのを、援助する方法をとる。その他多くの学派で作文、記入課題、文字によって表現させる方法で、現状への気づきを促進している。

しかし、ある場合には言語的アプローチに反発や抵抗を感ずるクライエントもいる。そこで、さまざまな非言語的アプローチが考察された。絵を描くこと、粘土細工をすること、様々なプレーセラピー、箱庭、家族全体を描く家族画、家族全体を群像のように、生きた人間のゼスチュアであらわして、現状を把握するファミリー・スカルプチュア、それに若干の振り付けを加えて演技する、ファミリー・コレオグラフィー等、様々な技法が開発されている（亀口一九九七）。ノンバーバルな（非言語的）アプローチは日本の家族に対して、特に有効であるという臨床家の体験報告もある。

現状を認識するためには、問題点をある程度客観化し、自分の主体とは離して客体化してみるのがよい。問題を第三者的に眺めてみるという態度が必要である。このようにして、距離を置いて問題点を明らかにし、その問題点が操作可能、解決可能だということを納得して、理解するのを援助するのが次の段階である。

さらに一歩進んで、「私も重要である。あなたも重要である」という関係が健全な人間関係であることを理解する段階に進む。これらの全ての段階において、自発的変化への原動力を引き出す努力が続けられる。具体的には、肯定的な面をひきだすような働きかけをする。

たとえば次のような技法が用いられる。

① 褒められるところを褒める。

② リフレーミング。現状肯定的に解釈する提案。不登校の子どもが実は、病気の祖母の状態が気になって学校まで休んで様子をうかがっていた。――というような新しい解釈を提供。

③ 現実認識の枠を変える質問。逆接的な質問や円環的な認識論に基づく質問（亀口一九九七）。

④ 魔法によって、家族が理想的状態になったとしたらと、空想してイメージを描くよう誘導する。

不思議なことに現在の自分達の存在が肯定的に受け止められたと感じると、「癒し」の方向への変化が始動し始める。家族成員からそれまで思いもよらなかった「癒し」への能力が発揮されるということもあるのである。このようにみてくると、「癒し」への方向づけにおいて、「ゆるし」を中心とする寛容さは、基本的な態度であって、単なる技法ではないことに気づくであろう。「ゆるし」の姿勢によって、家族の認識の枠組みがかなり違ってくる。また、それによって各成員が直接、間接に受けるストレスが著しく軽減されてくる。これが家族が全体として、自分たちの良いイメージをもつための第一歩になるようである。

六　治療と「癒し」

以上、「癒し」が本来自発的なものであって、その自発性のゆえに、導入するのが難しい面もあるが、家族そのものの中に関係への「癒し」の能力があり、それが開発され始めると、どんどん伸びてくることを説明したつもりである。この「癒し」の能力が閉ざされ、発展を休止している場合には、様々な妨害要因が識別される。

「癒し」の発展を妨げる主要な障壁は「イジメ」・「イジメられる」という関係、ないしは「甘え」・「甘やかす」という関係である。いずれも「私は重要である。あなたは重要ではない」・「私は重要でない。あなたは重要である」という二つの病理的な「重要さの帰属方法」に起因する誤りである。「私も重要である。あなたも重要である」という重要性のバランスのとれた帰属が実現されれば、自然にいやされる状態なのである。

「私は重要である。あなたは重要でない」・「私は重要でない。あなたは重要である」という二つの立場が反転交代して、短時間に相互交替をすることも多い。通常の家庭の場合では、イジメられ役・イジメ役が固定化してしまうが、家庭の中でのイジメられ役が、外部の友人関係ではかえってイジメ役になったり、その逆に、家庭内でのイジメ役が外部にでると、イジメられ役になるという場合もある。また、家庭内の役割と、外部の社会的ネットワークの中での役割とが同一の場合もある。共通していえることは、イジメ役の人は心の中にイジメられ役も持っていて、それの補償として、外面上強がるという場合もあるし、その逆の場合もあることである。

ここで「私も重要である。あなたも重要である」という健全な重要性の帰属が再び強調されねばならない。そこへ到達するための方法は色々あるけれども、「ゆるし」という言葉で表現される寛容性、ありのままの受容、ありのままの状態を受け入れること、変化を期待しない能力が極めて重要である。健全な人間関係の第一歩は自己をありのままに受容し、自分の状態像に十分に気づいて、それを無理に変えようとせず、そのまま受け入れるということ、つまり、まず、自分自身を「ゆるす」という作業から始められなければならない。それに続いて、相手を「ゆるす」、相手のありようをそのまま受容する、相手を無理に変えようとしない、という態度が必要である。それは自分の存在が確認され、相手の存在が確認されるという状況で初めて可能であって、ブーバーの「我―汝」の対話的原理に相応する関係であるといえよう。

このための重要な態度のヒントとして、メダルト・ボスの指摘した「尽力的配慮」と「垂範的配慮」の区別が役に立つかもしれない（一九六六）。人間の努力の積み重ねである尽力によってもたらされるものには一定の限界がある。「尽力する」という人為的な努力の過程で、大切な相互の存在の重要性が見失われて、重要性の帰属に偏りが生じてしまうからである。これに対して、「垂範的配慮」には自然の摂理にまかせ、自分を信じ、相手を信じ、静かに自発的変化を待つという態度が含まれる。これによって、かえって、自然発生的な「癒し」が促進されるという。

これを支持する臨床的体験が、さまざまな臨床家によって報告されている。家族の人間関係調整に関する限り、あまりに人為的な尽力がかえって、問題をこじらせてしまうということも多いのである。

ここで再び、序論で述べた「癒し」の特性を振り返る必要があろう。治療の人為的操作的特性に比べて、「癒し」はより自然発生的である。「癒し」は自発性という特性をもつだけでなく、治療が部分的なものであるのに対して、全体的〔ホーリスティック〕であり、心身一如の現象である。たとえ、離婚が成立しても、関係者がそれぞれ、解放感、充実感、満足感を得れば、そこに「癒し」が成立する。

死の恐怖にさいなまれていた末期癌の患者が自分の人生の意義を見いだし、安定した気分で臨終を迎えたとき、病気は治癒にいたらなくても、「癒し」が成立する。「癒し」は、宇宙的生命力のめぐみとして自然に出現するという側面は、たしかに一つの真理である。

しかし、そのような「癒し」が実現しやすい状況をつくりだすことは人為的になされねばならない。そこでボスのいう垂範的配慮、自分の人間的存在をモデルとして提供しつつ相手を自由にする援助的関係が参考になる。それは、相手を受容しつつ、不自由にしないで、援助する配慮である。

〔参考文献〕

ボス・M『精神分析と現存在分析論』笠原嘉ほか訳　みすず書房　一九六六年
ブーバー・M『我と汝　対話的原理』田口義弘訳　みすず書房　一九六七年
チャップマン・A・H・サリヴァン『治療技法入門』作田勉監訳　星和書店　一九七九年
亀口憲治『現代家族への臨床的接近』ミネルヴァ書房　一九九七年
Karpman, S. Family tales and script drama triangle, TA Bulletin 7, 26, 1968 39 - 43
国谷誠朗「家族心理学における愛の位置付け――ラバーテ理論から」家族心理学年報12　金子書房　一九九四年
国谷誠朗「家族療法における『ゆるし』」家族心理学年報15　金子書房　一九九七年
L'Abate, L. A. Theory of personality development John Wiley, New York, 1994
Sullivan, A. H.: Interpersonal theory of psychiatry W. W. Norton, New York, 1953

3 アサーション（自己表現）から見たイジメと家族

野末武義
IPI統合的心理療法研究所

一 はじめに

本章は、アサーション（assertion）をキーワードとして、イジメと家族関係について自己表現と家族心理学の観点から述べていく。自己表現とは、単に心の中にあることを言葉にして外に出すということではない。自分自身の気持ちや考えや欲求を言葉にして他者に伝えることはもちろんのこと、それらを言葉にしないこと、自分の中に秘めておくことも自己表現である。また、非言語的な表情や仕草や姿勢も、何らかの行為や行動も自己表現である。つまり、自己表現とは、コミュニケーションとも言い換えられるし、対人関係そのものを表すものでもある。また、イジメは対人関係の病理であり、自己表現の問題としても考えなければならない。

二　アサーション――自分も相手も大切にする相互尊重の自己表現

1　アサーション（assertion）とは

アサーションという言葉は、辞書を引くと「断言」「断定」「主張」と出ているが、ここでは、一九七〇年代にアメリカで誕生した自己表現トレーニングを八〇年代から日本に導入し実践してきた平木（一九九三）の定義に従う。平木によれば、アサーションとは、「自分の意見、考え、欲求、気持ちなどを率直に、正直に、その場の状況に合った適切な方法で述べること」、あるいは、「他者の基本的人権を侵すことなく、自己の基本的人権のために立ち上がり、自己表現すること」と定義される。

つまり、アサーションとは、単に自分の言いたいことを強く自己主張したり、自己の権利をふりかざして相手をやりこめることでもない。自分なりの気持ちや考え、欲求などを大切にするが、相手にも相手なりの気持ちや考え、欲求などがある。したがって、その両者を尊重しながら自己表現をし、相手の自己表現にも耳を傾け、お互いを大切にした関係を築いていこうとするものである。

アサーション（自己表現）トレーニングは、日本では初め一般市民や企業向けのコミュニケーション・トレーニングとして始まったが、徐々に看護職やカウンセラーなどの援助職にも広がり、最近では学校場面での取り組みも広がりつつある。

2　三つのタイプの自己表現

アサーションでは、人間の自己表現のタイプは、①非主張的（non-assertive）、②攻撃的（aggressive）、③アサーティブ（assertive）の三つに分類できると考える。

①　非主張的（non-assertive）自己表現

これは、自分の気持ちや考えや欲求を表現しなかったり表現し損なうことで、自分を抑え相手を優先するような自己表現である。ここでいう非主張的とは、単に自分の考えや気持ちを言わないだけでなく、相手に無視されやすいような消極的な態度で言うこと、言い訳がましく言うこと、小声で言うこと、回りくどい言い方、曖昧な言い方も含まれる。

非主張的自己表現は、一見相手に配慮し相手を尊重しているように見えるが、自分に対しては正直でなく、相手に対しても率直ではない。そして、「私の気持ちや考えや欲求なんて、取るに足らない小さなことだから気にしないで下さい」、「私のことよりもあなたのことの方が大切ですからどうぞ」と暗に言っているようなものである。

このような非主張的自己表現の傾向が強くなると、自分の気持ちや考えが相手に伝わらないのはもちろんのこと、「どうして私はこんなに駄目なんだろう」という被害感や、「きっと何を言っても駄目だろう」という投げ遣りな気持ちになりがちで、ストレスが溜まりやすく心身に変調をきたすこともある。また、自分が我慢して相手に合わせていることに相手が気づかないと、相手との関係を避けたくなったり、次第に「私はこんなに我慢しているのに気づいてくれない」とか、「私はこの人の犠牲者だ」という被害者意識を募らせ、

図1　アサーションの３つのタイプ

非主張的自己表現	攻撃的自己表現	アサーティブ自己表現
引っ込み思案	強がり	正直
卑屈	尊大	率直
消極的	無頓着	積極的
自己否定的	他者否定的	自他尊重
依存的	操作的	自発的
他人本位	自分本位	自他調和
相手任せ	相手に指示	自他協力
承認を期待	優越を誇る	自己選択で決める
服従的	支配的	歩み寄り
黙る	一方的に主張する	柔軟に対応する
弁解がましい	責任転嫁	自分の責任で行動
私はOKではない。あなたはOK。	私はOK。あなたはOKではない。	私はOK。あなたもOK。

出典：平木典子『アサーション・トレーニング』　金子書房，1993より。

相手に対する怒りや憎しみが涌いてくる。そして、時にはそうした我慢と怒りが昂じて一気に爆発し、一転して攻撃的に相手を責めたり傷つけたりということも起こる。

一方、非主張的自己表現をされた相手は、同調してくれたり嫌だと言われないので、我慢させているなどとは思わないし、お互いの関係には何の問題もないと誤解してしまう。さらに、場合によっては、自分の思う通りに支配してやろうという気持ちを抱くこともある。また、はっきり自分の言いたいことを言わない人に対して、苛立ちを覚えたり不信感を抱くこともある。

②　攻撃的（aggressive）自己表現

これは、非主張的自己表現とは反対に、自分の気持ちや考え、欲求ははっきり主張するが、相手の気持ちや考え、欲求や言い分を無視したり軽視したりして、自分の言い分を押し通すような自己表現である。ここでいう攻撃的自己表現には、大声で相手を責めたり暴力的な行為をすることだけでなく、相手のことを無視して自分勝手なことをしたり、自分の都合のいいように巧妙に相手を操作したり、相手の言動や存在を無視したり、本来は関係のない人に八つ当たりをしたり、皮肉や嫌味を言ったりすることも含まれる。

攻撃的自己表現をする人は、一見自信に満ちているように見えるが、その裏には、「自分が正しくて相手が間違っている」、「人は自分の言う通りにすれば良い」という驕りがあり、それは結局相手を否定することの上に成り立っている甘えた自己肯定である。したがって、攻撃的自己表現をされた相手の方は、自分を大切にしてくれないことに対する悲しみや無力感や怒りを感じ、その人との付き合いを避けたくなるし、恨みや憎しみを募らせ、復讐心すら持つこともある。

その意味では、本人自身は人間関係で困ることは少ないかもしれないが、このような人と関わらなければいけない周囲の人は大変苦労する。また、攻撃的な自己表現を続けていると人から信頼され好かれることが難しくなるため、次第に孤立していく可能性がある。また、相手や状況が自分の思い通りにならないと怒りを感じやすく、それが心身の健康を害することにもつながる。結局は本人自身にとってもマイナスなことが多い。そして、お互いに気持ちの良い親密な関係を築くことは困難である。

③　アサーティブ（assertive）な自己表現

すでに定義のところでも述べたが、アサーティブな自己表現とは、自分も相手も大切にする相互尊重の自己表現である。自分の気持ちや意見や欲求を尊重し、それらを自分の中に抑え込んだり相手にぶつけたりするのではなく、素直に率直に相手に伝える。また、相手の気持ちや意見や欲求も尊重し、相手がそれらを表現することも当然のことと考え、耳を傾けるのである。

このようにお互いに自分自身に率直にアサーティブに自己表現すれば、当然相手の気持ちや考えと食い違い、何らかの葛藤が生じることもあり得る。しかし、そこで非主張的に安易に妥協したり攻撃的に相手を抑えつけたりするのではなく、自分自身を主張したり相手の話に耳を傾けたり、譲ったり譲られたりしながら、お互いに納得のいくような結論に達することを大切にするのである。

ここで注意しておかなければいけないことは、アサーティブとは、単に自信満々で自己主張的であるということではない。人は誰しも、時に強い不安に襲われたり、必要以上に緊張したり、どうしたらいいか分からなくなったり、あるいはとても辛いと感じたり、寂しさや悲しさを感じることがある。そうした時に、「このことがとても不安なんだ」、「恐くてどうしたらいいか分からない」、「とても寂しい」、「凄く悲しい」、「自分ではどうにもならないから助けて欲しい」というように、自分の状態や気持ちをありのままに認め率直に表現することも、アサーティブな自己表現なのである。このような自己表現は、ともすると日常的には弱気だとか暗いとか否定的に捉えられることが多いが、アサーションでは大切な自己表現であると考える。

また、アサーティブな人は、単に自分の言いたいことを正直に言うだけでなく、相手が何を考え何を感じ何を欲しているのかにも関心を示し、相手の話にじっくりと耳を傾けることも大切にできるのである。つまり、アサーティブな人は聴き上手でもある。

④　相手や状況によって異なる自己表現

このように、自己表現のあり方は大きく三タイプに分けることができるが、もちろん、これは一人の人であっても相手との関係や状況によっても異なってくるものである。例えば、校長には非主張的だが生徒には攻撃的な教師、会社では非主張的だが家庭では攻撃的な父親、友人には非主張的だが子供には攻撃的な母親、友達には非主張的だが動物には攻撃的な子供といった具合である。大切なのは、自分は誰に対してどのような状況でどのような自己表現をする傾向があるか、ということを理解しておくことである。

3　アサーションの基盤

その人がどのような自己表現をするかを左右する要因、すなわちアサーションの基盤となるものには、さまざまなものがある。

①　自己信頼

アサーションの基盤として最初に挙げられるのは、自己信頼である。自己信頼とは、文字通り自分自身を信頼できること、自分自身を拠り所にできること、自分自身を当てにできることという意味である。自分は欠点や短所や弱さもあるけれども、そういう自分でも信頼に足る存在だと確信できることである。こうした自己信頼があって初めて、主体的に自己表現しようという気持ちも持てるし、仮にうまくいかないことがあったとしても、必要以上に自分を責めたり相手のせいにしたりしないで、アサーティブな対応が可能になるのである。自己信頼は、以下の三つの要素から成り立っている。

ⓘ　**自尊心**　自尊心（self-esteem）とは、自分自身を尊重し、一人の価値ある人間として評価すること

である。自尊心がしっかり育っていれば、自己表現は大切なことであり、また当然のことだと思えるし、自分を大切にすることの意義を理解しているので、他者も大切にできるのである。反対に、自尊心がしっかり育っていない人は、自分のことを大切に思えないために卑屈になったり、必要以上に遠慮したり、NOと言えなくなったりする。つまり、非主張的になってしまう。また、自尊心が低いことを隠そうとする人は、他者を支配し虐げることによって自分を優位に立たせようとし、攻撃的になるのである。

ⅱ　自己受容

自己受容（self-acceptance）とは、ありのままの自分を受け入れることである。つまり、自分の長所や好きなところや優れたところだけでなく、短所や嫌いなところや劣ったところも、自分自身のありのままの姿として認め受け入れることである。それは、人間としての自分自身の弱さや不完全さに向き合い、それらを受け入れ、自分自身に対して寛容になることであり、自分自身を許すことでもある。それが自己肯定感をもたらし、自尊心と相まって生きていく上での重要なエネルギーになるのである。そうしてありのままに自分自身を受け入れることができる人は、自分とは違う他者のこともありのままに受け入れることが可能になる。反対に、自己受容できておらず自分自身を否定しがちな人は、非主張的に相手の言いなりになってしまったり、逆に、攻撃的に他者を否定しがちである。

ⅲ　自己理解

自己理解とは、自分自身のことをよく分かっていることであるが、自分についてのプラス面もマイナス面もバランス良く理解できることが重要である。プラス面としては、長所、強みや能力、今のまま変わらずに持ち続けた方が良いこと、思うような結果が出なくてもそのプロセスで自分なりに努力したこと、などがある。マイナス面としては、短所や欠点、弱さ、今のままではまずいことや変えた方が良いこと、自分なりに努力しても結果的にはうまくいかなかったこと、などがある。

自己理解が否定的な側面に偏ってしまう人は、常に自分の短所や欠点、そして失敗したことに目がいってしまい、肯定的な面が見えなかったり、見えていても過小評価するために、ますます自信を無くしていくという悪循環に陥る。そのために、他者との関係において、自分が劣っていると感じて非主張的になったり、時には、自分自身を否定するのと同じように他者をも攻撃的に否定することになってしまう。反対に、肯定的な側面しか見ない人は、自分の欠点や弱さを見ようとしないので、独りよがりな自信を持ってしまい、他者に迷惑をかけていることに気づかなかったり、うまくいかないことは全て周りのせいにするといったことが起こりやすく、攻撃的な自己表現につながりやすい。

② 自己表現の権利――アサーション権

アサーションの第二の基盤は、自己表現の権利（アサーション権）を確信することである。アサーション権とは、私たち誰もがもっている自己表現の権利のことであり、「人間は誰しも自他の権利を侵さない限り、自己表現をしても良い」ということである。これは基本的人権であり、人間であれば誰しも生まれつき持っている所与の権利であると考えられている。つまり、大人にはあっても子供にはないとか、親にはあっても子供にはないとか、教師にはあっても生徒にはないとか、そういうものではなく、全ての人間に平等に与えられた権利なのである。アサーション権は、細かく数えれば一〇〇以上あると言われているが、とりわけ子供にとって重要な基本的なものを挙げてみよう。

ⅰ 私たちは、誰からも尊重され、大切にしてもらう権利がある

これは、人間としての自己の尊厳を

誰からも侵されないという意味である。つまり、一人の人間として自分自身を尊重されるということは、自分の気持ち、考え、欲求、意見、価値観も尊重されるということであり、誰もがそうしたものを人に大切にしてもらいたいと思っても良いという意味である。この権利が自分の中で確信できない人は、自分のことを不当に扱う人や傷つける人がいたとしても、そうされるのは自分が悪いからだと意味づけてしまい、自分のことも大切にして欲しいと主張できない。そして、「嫌だ」とか「やめて欲しい」と言えないために、非主張的に相手の思うままに振り回されてしまう。反対に、自分にはこの権利はあっても他者にはないと思っている人は、他者を大切にしようとせず、自分の思う通りに操作しようという攻撃的な言動になってしまう。

ⅱ　私たちは誰もが、他人の期待に応えるかどうかなど、自分の行動を決め、それを表現し、その結果について責任を持つ権利がある

これは、自分自身についての最終決定権は自分にあるということである。つまり、自分がどんな気持ちを抱き、どんな風に考えどのように行動するかは、自分自身で判断し決定しても良いのであり、その結果起こることには自分で責任を取れば良いということである。

非主張的な人は、この権利を自分が持っているとは思っていない。「人から期待されたら、それに合わせて感じたり考えたり行動しなければならない」と思っており、服従的な立場に自らを置いてしまう。一方、攻撃的な人は、自分はこの権利を持っていても、相手も同じようにこの権利を持っているとは思っていない。したがって、相手なりの気持ちや考えや行動を受け入れることが出来ず、自分がその決定権を持っているつもりでいる。

ⅲ　私たちは誰でも過ちを起こし、それに責任を持つ権利がある

これは、「人間である権利」とも言わ

れるものである。つまり、人間である限り誰でも完璧ではあり得ないので、失敗してその結果に責任を取っていけるのである。もし、この権利を確信することが出来ず、過ちや失敗をしてはいけないと思っていたらどうなるであろうか。一〇〇％うまくいくという保証がないことは怖くて出来なくなるし、ますます保守的で防衛的になって行動も制限されてくる。とりわけ人間関係においては、臆病で消極的になりがちである。また、うまくできない自分を過度に責めるような自罰的傾向が強くなったり、他者の失敗を厳しく責め立てる攻撃的言動につながることもある。

ⅳ 聴いてもらい真面目に受け取ってもらうことを要求する権利　これは、自分の気持ちや考えや意見など、話しを聴いてもらいたいときに、それを相手に要求しても良いということである。非主張的な人は、話す前から「こんなことは相手にとっては重要なことではないかもしれない」とか、「馬鹿にされるかもしれない」と予測し、真剣な話しでも冗談ぽく話してしまったり、「こんな些細なことにこだわっているのは、私が弱いからだ」と自己卑下したり、何も言わないで相手が察してくれることを期待したりして、相手にきちんと伝えようとしない。しかし、たとえ一見些細なことに見えることであっても、自分にとって大切なことは「ちゃんと真面目に聴いて欲しい」と言っても良いのである。一方、攻撃的な人はこの権利を振りかざし、相手の都合や気持ちや状況を考慮しないで、ひたすら自分の言いたいことを押しつけてしまう。

ⅴ 傷つく権利　これは、人間である限り誰でも傷つくことはあるし、傷ついても良いということである。こんな権利がどうしてあるのかと不思議に思われるかもしれないが、現実生活の中ではしばしばこの権利は他者から侵害されている。例えば、子供は大人から見れば些細なことで傷つき、落ち込み、生きることに希望を見いだせなくなる。そうしたときに、親や教師が「そんなことは悩むようなことじゃない」とか、

「そんなことにこだわらないで勉強すればいい」とか、「もっと強くならなきゃ駄目だ」と言うとしたら、仮に親や教師としては子供を励ますつもりで言っていたとしても、子供にとっては、自分のつらさや苦しさや悲しさをありのままに受け止めてもらえなかった、自分を否定されたと感じるであろう。

また、自分自身でこの権利を確信できていないと、何らかの理由で傷ついたときに、「こんなことで傷つく自分は駄目だ」と自己否定したり、傷つかないように人と表面的な付き合いしか持てなくなったり、その結果ますます孤立するかもしれない。しかし、人間はさまざまな傷つき体験を乗り越えることで成長できる可能性も持っている。したがって、この権利を認めないことは、自分自身や他者の成長の機会を奪うことにもなるのである。

以上、子供にとってとりわけ重要なアサーション権を挙げてみた。すでに述べたように、アサーション権は基本的人権であり、生まれつき誰にも与えられている所与の権利である。しかし、だからといってこの権利が社会的に保証され守られているわけではなく、自分自身のアサーション権を確信し行使していく責任は私たち一人一人にあるのである。

③　認知・思い込み

アサーションの三番目の基盤は、その人のものの見方・考え方であり、ここでは認知とか思い込みという。私たちは、さまざまな体験や状況や相手との関わりの中で、いろいろな感情を体験したり、問題を感じたり悩んだり、自分自身を表現したりする。そして、多くの場合、自分自身の感情や悩みや問題、そして自己表

現のあり方は、体験や状況や相手によって左右されていると考えがちである。しかし、実際には同じような体験をした人であっても、それによって抱く感情は人それぞれであるし、ある人にとっては深刻な悩みをもたらすものであっても、別の人にとっては大した問題とはならないこともある。

こうした違いが生じてくるのは、実は私たちの心の中には、物事や体験をどのように捉えるかという枠組みのようなものを一人一人が持っており、それを通して反応しているからである。これを図示すると、上図のようになる。

つまり、ふだん我々はA→Cと考えているが、実際にはA→B→Cという流れになっているのである。そして、Cを左右するBには、その人にとって適応的・合理的に役に立つものと、反対に非適応的・非合理的に作用するものとがあり、後者を特に非合理的思い込み（irrational belief）という。この非合理的思い込みは、その人の自己表現のあり方を大きく左右するものでもあり、非主張的もしくは攻撃的自己表現につながる。

例えば、思春期の子供が大人（親や教師）の言う通りに従わないというAに直面したときに、ある大人はその結果のCとして、より一層厳しくして子供を何とか従わせようとするかもしれない。別の大人は、同じような事態に直面したときに、まず子供の話にも耳を傾けようとするかもしれない。前者の大人には、「子供は大人の言う通りに従うべきだ」とか、「子供よりも大人が正しい」というBがあるかもしれない。後者の大人には、

「思春期になれば、子供は大人の言う通りにはしなくなるものだ」とか、「大人が常に正しいとは限らない」というBがあるかもしれない。そして、前者は必然的に一方的で攻撃的な自己表現につながるし、後者はアサーティブな自己表現が期待できるであろう。

したがって、よりアサーティブな自己表現ができるようになるためには、自分自身の中にあるさまざまなB（認知・思い込み）を検討し、非合理的なものはより合理的で適応的なものに修正していくことが必要になる。

三　アサーションの視点から見たイジメ

イジメは対人関係の病理であり、自己表現の問題であると述べたが、では、イジメという問題は、アサーションの視点からどのように理解できるであろうか。

1　イジメと自己表現のタイプ

イジメをめぐる子供の状況は、主として①イジメられる子供、②イジメる子供、③見て見ぬふりをする傍観者の子供、の三つに分けられる。まず、それぞれの子供たちの自己表現について考えてみよう。

①　イジメられる子供

一口にイジメられる子供といっても、一人一人のパーソナリティは違うし、イジメられる理由も様々であるし、日常的な人間関係のあり方も異なるであろう。しかし、イジメという事態における自己表現は、ほとんどの場合、非主張的である。第一に、自分が相手からされている言動が嫌だということ、やめて欲しいということを、イジメる相手に率直に表現できないことである。叩かれたり殴られたり、侮辱的なことを言われたり、無視されたり、脅されたりすることは、誰にとっても嫌なことであり、時には生きていられなくなるほどの恐怖感を味わう。しかし、「嫌だ」、「やめてくれ」、「自分も仲間に入れて欲しい」、「自分のことも大切にして欲しい」ということが言えずに押し殺してしまう。

第二に、イジメによってしばしば自分ではどうにもできないほどの無力感や絶望感に陥っているにも関わらず、周囲の人間（友人や親や教師）に率直に助けを求められないということである。その結果、次第に自分を追いつめていく。第三に、子供によっては、自分はイジメられても仕方のない価値の無い人間だと思い込んでしまっており、自分で自分の存在を否定してしまっている。

このような非主張的自己表現が続いていると、結果的にはイジメられることを容認していることになり、イジメる—我慢する—イジメる—我慢する—イジメるという悪循環を断ち切ることは難しくなる。時には、我慢の末、自分の中に収まりきらない程の恨みと怒りが蓄積し、ある日突然一気に爆発し、自分をイジメていた子供に反撃し傷つけてしまうという、攻撃的な自己表現に転じてしまうこともある。窮鼠猫を噛むといった事態である。

② イジメる子供

イジメられる子供とは反対に、他の子供をイジメるということ自体が攻撃的自己表現である。まず第一に、イジメによって相手がどんなに辛い思いをするかを考えておらず、相手の心や身体を傷つけており、相手の人間としての存在そのものを強く否定している。第二に、イジメられている子供が「嫌だ」、「やめて欲しい」と言ったとしても、その心の叫びに耳を傾けず無視してしまう。第三に、イジメという行為を通して自分の中の不満ややもやもやした気持ちや怒りをぶつけているのだが、ほとんどの場合、本来ぶつけるべき相手は他にいるにもかかわらず（多くの場合親や教師）、何かしら理由をつけて弱い子供に八つ当たりをしている、という意味でも攻撃的である。

また、イジメる側の子供の中には、本当はイジメるのは嫌だしやめるべきだと思っているのに、それを他のイジメている仲間に言ったら、今度は自分がイジメの対象になるんじゃないかという恐怖感から、イジメに加担している子供も少なからずいる。これは、自分がイジメの対象になるのが怖くて言いたいことが言えずに同調しているという点では非主張的であるが、結果的にイジメているという点では攻撃的であり、非主張的自己表現と攻撃的自己表現の混合型と考えることができる。

③ 見て見ぬふりをする傍観者の子供

イジメは、イジメられる子供とイジメる子供との関係だけで成り立っていることは少なく、多くの場合、見て見ぬふりをしていたり、親や教師などの大人に知らせようとしない傍観者の子供が多数存在し、それがイジメを持続させ悪化させる大きな要因にもなっている。昔のイジメと現代のイジメを比較すると、イジメっ子がより陰湿化し凶暴化しているのは確かだが、それに加えて見て見ぬふりをする傍観者になってしまう子供が増加したことも非常に大きな問題である。

傍観者の多くは、本当はイジメられている子供を助けてあげたいと思っているにも関わらず、自分がイジメの標的にされることを恐れるために、見て見ぬふりをしてしまう。その点では非主張的だと言える。しかし、結果的にはイジメを傍観し容認しており、イジメられている子供の存在や気持ちを無視しているという点では、傍観しているということ自体が攻撃的自己表現でもある。

2 子供がアサーティブになれない要因

このように、イジメの問題における子供の自己表現は、非主張的か攻撃的か、あるいは両者の混在したものになるかのいずれかであり、アサーティブに自己表現し、イジメに正面から向き合ったり、周りの人に助けを求めることは容易なことではない。しかし、こうした自己表現の問題は、子供の日常生活全般について言えることかもしれない。では、なぜ子供がアサーティブに自己表現することが難しいのであろうか。

① 非主張的自己表現の要因

まず初めに、子供が非主張的自己表現になってしまう要因を検討してみよう。これは、とりわけイジメられる立場の子供によく当てはまるが、イジメる子供や傍観者の子供にもあてはまることもある。

ⓘ 自分の気持ち・考え・欲求を意識化できていない　アサーティブに自己表現するには、まず自分が何を表現したいのか、相手に何を伝えたいのかを自分自身が分かっている必要がある。つまり、自分の気持ちや考えや欲求にある程度気づいていることが前提となる。

しかし、自分の気持ちや考えや欲求がつかめておらず、「辛い」、「腹が立つ」、「悲しい」、「寂しい」などと意識化できなかったり、「こんなことはやめて欲しい」とか、「自分を仲間の一人として大切に扱って欲しい」という当然の欲求を意識化できていなければ、相手に対して何を言っていいか分からなくなってしまう。

ⅱ 嫌われるのが怖い

自分の考えや気持や欲求など、自分が表現したいことがある程度はっきりしていても、それを言ったら相手からどう思われるかを気にしすぎると、言いたいことがあっても言えなくなる。人から好かれたいと思うこと、嫌われたくないと思うことは、人間として当然の願いである。しかし、その気持ちが強すぎたり、いつでも誰からも好かれたいという非現実的なものになると、いつも人の顔色ばかり伺ってしまい、人から良い評価を得るために自分はどうすべきかということに囚われてしまう。そのために、自分の気持ちや考えや欲求を正直に表現することが難しくなり、嫌われないためにはいかにして相手に合わせたら良いかということにエネルギーを注ぐことになり、結果的に、自分の言いたいことは何も言えなかったり、相手にいつも同調するような非主張的自己表現になってしまう。

イジメられている子供の中には、本当はイジメられるのが嫌であるにもかかわらず、アサーティブに拒絶したら、自分は誰にも相手にしてもらえなくなって孤立してしまうのではないかという大きな不安を抱えている子供もいる。また、傍観者の子供やイジメる側の子供の中にも、嫌われることを恐れるあまり、イジメを止められないという子供もいる。

ⅲ 自己の存在価値を自ら否定している

一人の人間としての自己の存在をどれだけ肯定できているか、あるいは否定しているかによっても、自己表現のあり方は大きく変わってくる。自分を一人の価値ある人間として認めていない、つまり、自分は他の人と比べて人間として劣っているとか、人から虐げられて当然の人間だとか、自分には人から大切にしてもらう権利など無いと意識的あるいは無意識的に思っていると、どうしても非主張的になってしまう。そして、辛いこと、苦しいこと、嫌なこと、本当は相手の方が悪いことが続いても、「自分がこんな人間だから、嫌なことをされても仕方ない」という意味づけがされてしまい、事態を解決しようという意欲すら湧かなくなってしまう。かなり深刻なイジメの被害に遭っている子供の中には、このような否定的な自己評価を自らしてしまっている子供が時に見られる。

また、このような子供は、進級や進学あるいは転校などによってイジメられる事態から逃れることができたとしても、否定的な自己評価そのものが変わらないと、その後も対人関係を避け、孤立しがちになってしまう。その影響は青年期以降にまで及ぶこともある。

ⅳ　自分らしさを抑え続けてきた――他者への信頼感の乏しさ

アサーティブに自己表現するということは、言い換えれば、本当の自分、自分らしさを人に見せるということでもある。しかし、それまでの体験、主に家庭と学校の中で、自分らしさや本当の自分を表現しても、親や教師から否定されたり無視されたりした体験を多く持つ子供は、物分かりの良い「いい子」でいなければ誰からも受け入れてもらえないとか、「自分らしくしたら否定される」という非合理的思い込みをもってしまう。すると、他の人間関係でも、本当の自分をアサーティブに表現するということは、人から否定されることと結びついて認知されてしまう。そして、拒否されたり無視されたりしないためにも自己を抑制しなければならなくなり、自己表現も非主張的になってしまうのである。

ⅴ　弱くてはいけないという非合理的思い込み

人は誰でも完璧な存在にはなれない。誰でも欠点や短所があり、時には弱気になったり不安や恐怖を感じたりする。そういう時でもありのままに自己受容できれば良いが、「弱音を吐いてはいけない」、「泣いてはいけない」、「怒ってはいけない」といった非合理的思い込みを持っていると、非常に苦しいときでも歯を食いしばって頑張ることはできるかもしれないが、イジメられていることを人に打ち明けたり助けを求めたりすることができなくなってしまう。つまり、弱音を吐き助けを求めることも自分を大切にすることだとは思っていないのである。

②　攻撃的自己表現の要因

次に、子供が攻撃的自己表現になってしまう要因は何であろうか。これは主にイジメる側の子供に当てはまるが、傍観者の子供やイジメられる子供にも時に見られることがある。

ⓘ　人間関係を勝ち負けや上下関係で考えている　本来、子供同士の友達関係というものは、上下関係ではなく横の対等な関係であり、人間関係そのものには勝ち負けもないはずである。しかし、攻撃的自己表現をしがちな子供は、友達関係の中で自分が勝つか負けるか、あるいは相手の上に立てるかどうかに囚われている。したがって、支配する・支配される、強い・弱いということに非常に敏感である。

特に、近年の受験戦争の激化は、人間を点数によって序列化し、あたかも点数が高い人間の方が価値があると子供に思い込ませてしまっている。そうした価値観を取り入れた大人たち（親や教師）の下で育った子供の多くは、自分も相手も同じように大切にするという対等で親密な関係を作ろうとせず、いかにして人を蹴落とすか、人に勝つかということに必死になる。その結果、他者を踏みにじることを平気でし、他者の心の痛みにも全く無関心になってしまい、自分さえ良ければそれでいいという態度を強めていく。

ⅱ　自分の弱さを人に知られたくない

人は誰でも不完全な存在であり、それぞれの弱さをもっているが、そうした自分の弱さを人に知られたくない、見せたくないという気持ちが非常に強い子供がいる。そのような子供は、自分の弱さを人に知られたら拒否されるとか、受け入れてもらえないとか、馬鹿にされると思っているために、虚勢を張り自分を実際以上に強く見せようとして攻撃的になってしまう。

また、自尊心が低い子供の中には、自分より弱そうな子を見つけてイジメることで、あたかも自分は強いかのような幻想に浸ろうとし、それによって何とか自尊心を保とうとする子供もいる。

ⅲ　強い孤独感や寂しさを抱えている

イジメをしている子供、特に集団でイジメをしている子供は、その表面的な攻撃性や衝動性や明るさとは裏腹に、根底には強い孤独感や寂しさを抱えていることが多い。自己肯定感が持てていなかったり、親や教師から認められていないと感じていたり、家族関係が葛藤に満ちていて安心して両親やきょうだいに頼ることができないなど、理由はさまざまであろう。しかし、子供にとっては、そうした強い孤独感や寂しさに向き合うことは非常に困難なことであり、強い不安をかき立てることでもあるために、自己防衛として攻撃的になってしまうことも多々ある。

ⅳ　誰かに自分の存在を認めて欲しいという欲求

攻撃的自己表現をする傾向のある子供は、一見強そうに見えたり、自信があるように見えたり、自分を肯定しているように見えたり、明るそうに見えたりする。しかし、非主張的自己表現の傾向が強い子供と同様に、根本的には自己肯定感に乏しく、自分は他者から受容されている、ありのままの自分の存在を認められているという実感がほとんどない。そして、本人は意識していない場合がほとんどだが、自分の存在を誰かに認めて欲しい、自分のことを分かって欲しいという切実な願いを持っており、それが歪曲された形で攻撃的な言動となって現れていることがある。いわばＳＯＳを発しているのである。

四 家族における自己表現

これまで述べてきたアサーションの基盤や、子供がアサーティブになれない要因は、子供が自分だけで勝手に作り上げてきたものではなく、この世に生まれてからの様々な体験と人間関係（家族や教師など）、そして歴史や文化の中で形成されてきたものである。中でも家族関係は、子供の心身の成長にとっては最も重要なものの一つであり、子供が問題や悩みを抱えているときに、最も重要なリソース（資源）となるものでもある。

1 親の自己表現と子供の体験

まず、子供に対する親の自己表現のタイプと、子供がそれをどのように体験するかということについて考えてみよう。

① 親の非主張的な自己表現

子供との関係で親が非主張的であるとは、具体的には、親の気持ちや考えを子供に言えない、訊きたいことがあるのに率直に訊けない、何でも子供の言う通りにしてしまう、叱りたいのに叱れない、子供を誉められない、子供を慰めたり労ったりできない、子供に謝れない、子供に無視されやすいような曖昧な言い方をしてしまうなど、様々な形で現れる。

こうした非主張的な親の下で子供は、「親は言いたいことをはっきり言わない」、「言っていることと実際にやっていることが違う」、「自分を本当に受け入れてくれているのか分からない」、「親は一体何を考えているのか分からない」というような体験をする。そして、親の強さや安心感を感じることができず、頼ったり甘えたりすることができにくくなる。また、子供も自分に自信が持てず、いつもどこかに不安や怯えを抱えてしまい、自己表現することに対しての抵抗や恐怖感が大きくなり、非主張的になる可能性がある。

また、それとは反対に、率直に自己表現しない親に対する苛立ちや怒りがつのることもある。さらには、親の無意識にある抑圧された怒りや憎しみを子供が取り入れて、攻撃的になることもある。

自尊心と自己受容という観点から見ると、親は決して子供の存在を強く否定しているわけではないが、かといって肯定していることを積極的に伝えているわけでもないので、子供としては、親が本当に自分を認めてくれているのか、はっきりとした実感を得にくい。「自分は本当にこれでいいんだろうか」、「自分は愛されるに値しない人間なのではないか」、「誰も自分を必要としていないのではないか」という不信感や不安を持ちやすい。そのために、子供の自尊心は低くなり、自己受容もできにくくなる。

② 親の攻撃的な自己表現

子供に対する親の攻撃的な自己表現とは、暴力を振るう、大声で怒鳴る、子供にきつく当たるという極端なものだけではなく、非常に多岐にわたっている。例えば、自分は言いたいことは言うが、子供が自己主張することは許さない。親の言う通りに子供が行動することを求める。子供との間に葛藤が生じたり、子供が何か問題を起こすと、親は悪くなくて子供が悪いと決めつける。子供が相談にのって欲しいとか話を聴いて欲しいと近づいてきても、子供の話にじっくり耳を傾けなかったり無視したり、深刻な話でも簡単に片づけようとする。「〜しなさい」、「〜しては駄目」など、命令調が多い。子供を叱るときに、子供の行為について言うのではなく、子供の存在そのものを否定するようなことを言う。これらは全て攻撃的な自己表現である。

このような親の攻撃的な自己表現は決して珍しいことでもないし、一部の親に限られたことでもなく、かなり一般的に見られることであろう。どのような親であれ、時に自分の子供に苛立ちを覚えたり怒ったりすることはあるし、ここに述べたような攻撃的な自己表現を一度もしたことがない親などいないであろう。問題は、こうした攻撃的自己表現があったか無かったかではなく、習慣的・持続的に繰り返されることである。

日常的に親の攻撃的な自己表現を受け続けると、子供は、親を恐れ、萎縮し、言い様のない不安に包まれ、自尊心も育たず自己受容もできない。そして、自己否定的・自己懲罰的な傾向を身につけ、家庭の外でも非主張的になりやすく、たとえイジメられてもそれをはねつけるだけの力を発揮できない。場合によっては、「自分は人間としての価値がないのではないか」、「誰も自分の味方にはなってくれない」、「親でさえ自分を悪く言うのだから、他人からひどい扱いをされても当然だ」とすら思ってしまうこともある。

あるいは反対に、親から攻撃的な自己表現を受け続けているうちに、親に対する怒りや恨みが徐々に膨らみ、親に対して非常に反抗的・攻撃的になったり、言葉や身体による暴力にまで発展することがある。また、親に対する怒りや恨みを直接ぶつけられない子供は、その対象が他の子供や教師に置き換えられ、イジメや校内暴力につながることもある。

③　親のアサーティブな自己表現

親が子供に対してアサーティブであることは、それほど簡単なことではなく、親の情緒的成熟性と自律性が問われる。子供に対してアサーティブな親は、自分の気持ちや考え、子供に望むことを率直に表現できる。子供の行為に対して注意を促したり叱ったりすることはあっても、子供の存在そのものを否定するような怒り方はしない。また、子供を他の子供と比較して否定するということもせず、子供の個性を尊重することができる。

また、親自身が率直に自己表現するだけでなく、子供の気持ちや考えや欲求にも関心を持ち、子供の話にも耳を傾ける。子供が悩んだり落ち込んだりしているような時も、それらをすぐに無くそうとするのではなく、子供の気持ちや言い分や考えを理解しようと努力する。つまり、単に子供と明るく楽しくつきあうだけではなく、子供の心の痛みも分かち合うことができる。また、自分が思っていることと子供の思っていることが一致しなくても、安易に妥協して子供の言う通りにして振り回されたり、逆に子供を自分の思い通りにコントロールしようと支配的になることはない。

さらに、たとえ些細なことであっても子供が良いことをしたり、結果が思わしくなくても子供なりに頑張ったことは、きちんと認め誉める。あるいは、親といえども常に正しいわけではなく、時に間違ったことをすることもあるが、そういうときにも謙虚に子供に謝ることができる。

このように、親がアサーティブな自己表現をしていると、子供は自分の存在を認められ尊重され大切にされているという安心感を持つことができる。また、自分の気持ちや考えや欲求を表現してもいいと思えるし、自分の話に耳を傾けてもらえると感じられる。さらに、人間関係の中で葛藤が生じても、それを回避しようとしたり、相手を踏みつけたりするのではなく、相手とのコミュニケーションの中で問題を解決する能力も養われる。このような体験が積み重ねられると、子供の中に自尊心が育ち、自己受容でき、さらに他者に対する共感性も育ち、他者の心の痛みを感じることもできるのである。

このような子供が絶対イジメの対象にならないというわけではない。しかし、たとえイジメの対象になったとしても、自分にとって納得のいかないことにはＮＯを言うことができる。また、たとえ直接イジメる相手に言うことが難しい場合であっても、「自分は間違っていない」という自己肯定感は失わず、「自分がこんな風にイジメられていいはずがない」という正当な怒りを持つこともできる。そして、自分だけで対処できないと思った時には、親や友達や教師にアサーティブに相談し助けを求めることができる。

また、誰かがイジメられているのを見れば、傍観者として見て見ぬふりをすることに罪悪感を感じるであろう。そして、イジメられている子の心の痛みを理解することができ、友達や教師と協力して助けようとするであろう。

2　親が子供に対してアサーティブになれない要因

このように、親が子供に対してどのようなタイプの自己表現をする傾向があるかによって、子供の体験は大きく異なるし、それがイジメをめぐる子供の振る舞い方を大きく左右する。では、親がアサーティブに子供と関わるのを難しくしている要因は何であろうか。その要因としては、子供がアサーティブになれない要因としてすでに述べたものは、親の場合にもそのまま当てはまる。ここでは、それ以外の要因を考えてみたい。

①　親としての自信の無さと不安

親として子供を育てていくということは、いつの時代にあっても決して容易なことではない。しかし、現代ほどそれが困難な時代は、これまでにはなかったであろう。昔と違って、子供と接する経験をほとんど持たない、あるいは全く持たないまま親になる人が多いし、核家族化や地域社会の崩壊によって、身近に相談できる人もいないような環境では、必要なときに心理的・物理的なサポートを得ることも難しい。また、現代においては、もはや家族とは、父親母親とはこうあるべきだという明確なモデルもない。したがって、どうしても親としての自分に自信が持ちにくい。

こうした親としての自信の無さや不安は、現代社会のあり方から影響を受けている場合もあれば、元々の親のパーソナリティによる場合もあるであろう。いずれにしても、子供に対して自信を持って自分の意見や気持ちを言うことが難しくなり、全体的に非主張的になる可能性がある。また、それとは反対に、親としての自信の無さや不安を払拭しようとして、必要以上に子供に対して強い態度で接してしまう親もいる。そして、子供の言い分に耳を傾けてしまうと自分の自信が揺らいでしまうために、自分が言いたいことだけを言うという攻撃的な自己表現になってしまう場合もある。

②　子供を受容しなければならないというとらわれ

子供のさまざまな気持ちや考えや欲求や言動を受容すること、さらには子供の存在そのものを受容するということは、非常に大切なことであるし望ましいことである。ところが、最近の子育て論やカウンセリングの考え方が表面的に歪曲して受け取られると、どんな時でも子供を受容しなければならないとか、子供のどんな欲求でも受け入れなくてはいけないというような誤解を生んでしまう。親が子供を受容するということは、決して子供の言いなりになるということではない。

子供を受容したいというのは大切な気持ちだが、本心としては受け入れがたいと感じているにも関わらず「受容しなければならない」となってしまっては、あたかも義務のような拘束的なものになってしまう。そして、子供に本当に言いたいことを言えなくなったり、叱りたいのに叱れなかったり、心の中では受容できていないのに表面的には受容しているかのように振る舞ったりしてしまう。こうなると、アサーティブに子供を受容しているのではなく、「親は子供を受容しなければならない」という非合理的思い込みに支配された非主張的で受け身的な受容である。

どんなに子供のことを愛している親でも、子供の考え方や気持ちや欲求や言動を常に受容できるわけではない。だからといって、子供を受容することなど考えなくてもいいというわけでもない。大切なのは、親として子供を受容できないと感じた時に、そういう自分の気持ちを率直に認め、受容できないことの意味を考えてみたり、場合によっては、受容できないことを子供に率直に表現し、子供の話に耳を傾けつつ話し合うことを考えることである。

③ 子供への過剰な期待と非合理的思い込み

親が子供に対して攻撃的自己表現をしがちになる要因として、社会からの無言の圧力と幻想に親が支配され、子供に過剰な期待を抱いているということがある。それが端的に表れているのが学歴偏重主義である。子供にはなるべく偏差値の高い学校へ行かせ、豊かな生活（この場合の豊かさとは、経済的な豊かさであり心の豊かさではない）を送らせたいと思うあまり、親が子供に勉強を強要する。また、それは勉強さえできれば子供の将来は安心だとか、勉強ができることが子供にとって一番大切なことだとか、勉強ができないのは本人の努力が足りないからだというような、非合理的思い込みを生むことになる。

その結果、親は子供の成績に一喜一憂してしまい、子供の成績が良くないと子供以上に親がひどく落胆したり、あるいは親の方が屈辱感を覚え子供に怒りをぶつけたりして、子供はよけいに傷ついてしまうことになる。つまり、親が良かれと思って敷いたレールの上を従順に走って行くことを求めてしまうのである。

ところが、現実的には、成績が非常に良く親からも教師からも「問題の無い良い子」と見られている子供の中には、意識的あるいは無意識的に、「勉強ができなかったら、自分は愛されなくなってしまう」と思っている子供が少なくない。そうした子供は、思春期から青年期にかけて自立の欲求が高まったときに、些細なきっかけで挫折したり、重篤な心身の問題を呈することもある。

④ 親子関係は変化していくものだと思っていない

子供は、心身共に日々発達し成長していく。それに伴って、それまでは親の言うことをよくきいていた子供でも強く自己主張したり、時には反抗的な態度を取ることがある。それが典型的に表れるのは、いわゆる思春期である。

もともと子供というものは、平均的に健康な発達をしていれば、年齢と共に自我が芽生え、自己主張がはっきりできるようになり、親以外の人との関係が重要になって、親の言いなりにはならなくなるものである。しかし、そうした子供の自然な発達とそれに伴う自己主張に向き合うことが難しい親が増えているように思われる。親の思う通りにしなくなった子供とどう付き合っていっていいか分からず、不安にとりつかれて非主張的になり、子供に何も言えなくなってしまったり、あるいは逆に、子供が幼かった頃と同じように親の言う通りにさせようと子供を抑えつけ、言うことを聞こうとしない子供に対してますます攻撃的になったりしがちである。

もちろん、子供がしっかりと自己主張し時には親に反抗するようになったときに、全く不安を覚えず動揺しない親などいない。しかし、そのとき大事なことは、子供を変えようとすることではなく、子供の成長に応じて親も成長すること、親自身が変化していくことを考えることであり、親自身が様々な人間関係（時には専門家）に支えられながら子供と向き合っていくことである。

⑤ 親自身が抱えているストレス

親がどれだけ精神的に安定しているか、それともストレスが溜まっていて不安定かによって、子供に対する自己表現も大きく左右される。例えば、親自身が職場で言いたいことが言えない状況にあり、非主張的に自分を抑え続けているためにストレスが溜まっていると、家族の前では、逆に怒りっぽくなったり八つ当たりをしたり、攻撃的自己表現をしがちかもしれない。そして、しばしば子供はその標的にされる。また、夫婦関係に慢性的な強い葛藤や不満を抱えているような場合、配偶者に対する不満を子供に置き換えてぶつけたり、子供の教育にのめり込むことで抑圧しようとしたり、あるいは子供を配偶者代わり（時にはカウンセラーの代わりに）にして愚痴を聞いてもらうといったことはよく起こる。

いずれの場合も、子供は親のストレスの吐け口にされているのであり、「自分は親から愛されていない」と感じるかもしれないし、親に対する怒りや憎しみをつのらせるであろう。そうした子供が直接親に不満をぶつけられれば良いが、時に子供はイジメによってストレスを解消しようとする。また、非常に繊細で思いやりのある子供は、自分のことよりも両親の夫婦関係を心配し、自分の成長を犠牲にしてでも親を助けようと献身する。そうした子供は、親からは「親思いの良い子」、「自分のことは自分でできるしっかりした子」、「我慢強い子」と見られていることが多い。しかし、そうした我慢強さは、実際には、自己犠牲的な非主張的な我慢強さでもあるため、イジメられるような状況では必要以上に我慢してしまい、それが問題解決を遅らせることにもつながってしまう。

⑥　親自身の自尊心と自己受容の問題

子供がアサーティブに自己表現できるためには、自尊心を持ち自己受容できていることが重要であると述べた。同様に、親の自己表現のあり方も、親自身が自分を大切に思い自分の存在を受け入れているかどうかによって大きく左右される。つまり、親が自分自身の子供の頃からの両親や重要な他者との関係で、自分らしくあることを肯定的に受け止められ大切にされた体験が少なく、それを心理的に克服できていないと、親の自尊心が低く自己受容できていない可能性がある。そして、子供をありのままに受容することが難しくなる。

このように、自尊心や自己受容は、親から子へ、そしてまた次の世代へと、世代を越えて伝達されると考えられる。したがって　親が子供に対して非主張的あるいは攻撃的な自己表現をする傾向が強い場合、時には、親自身の両親は子供（自分）に対してどのような自己表現をする人であったか、そして、親自身は自分の両親の自己表現を子供としてどのように体験してきたかを改めて考えてみることが必要である。

五　イジメから子供を守るために親にできること

イジメと子供の自己表現の関係、そして親の自己表現と子供の体験およびイジメとの関係についてこれまで述べてきた。たとえ子供がイジメにあったとしても、自分自身を守れるように、そしてまた、イジメという形ではなく子供が自分の気持ちや考えや欲求を自己表現できるようになるためには、子供がよりアサーティブな自己表現を身につける必要がある。そして、その第一歩は、家庭の中で子供と親がお互いにアサーティブに自己表現できるようになることである。そのためには、どのようなことを心がけ実践していったら良いであろうか。

1 子供との関わりを見直す――親としての自己表現を点検する

通常我々は、自分の子供のことは親である自分が一番良く知っているし、しかも自分がとらえている子供の姿というものは正しいと思いがちである。もちろん、子供と一番長く接してきたのは親だし、他人よりも子供のことを良く知っている面は多々あるであろう。しかし、毎日顔を合わせているからこそ、逆に子供の些細な変化に気づきにくかったり、親としての子供への期待や欲目から、子供の本当の気持ちや考えや姿が見えにくくなっていることもあるだろう。したがって、まず親としての自分と子供との関わりを再点検してみることが大切であろう。

① 親として子供にどのような自己表現をしているか

まず考えなくてはいけないのが、自分はふだん親として子供にどのような自己表現をしているかということである。非主張的だろうか、攻撃的だろうか、それともアサーティブだろうか。もちろん、子供が二人以上いる場合、ある子供に対しては非主張的だが、他の子供に対しては非常に攻撃的だということもある。また、一人の子供に対しても、こういう場面では非主張的だが、別の場面では攻撃的になるということもある。例えば、子供が学校の先生に叱られるような人に迷惑をかけるような行いをしても、非常に些細なこととして見逃すのに、勉強を怠けると烈火のごとく怒るというような場合である。

一般的に親は、子供が自分に何を言ったか、何をしたかということは記憶に残っても、親として子供に何をどのように言ったか、日頃子供とどう関わっているかは、あまり意識化されず忘れやすい。いわば盲点である。しかし、そこがはっきり見えてくると、それまでは理解できなかった子供の気持ちや行動が理解できるようになる。

また、親の自己表現を子供はどう感じているかも考えてみたり、子供に聞いてみたりすることも良いであろう。「うちの親は言いたいことがあるのに言わない」と思っているだろうか。あるいは「うちの親は子供の言い分には全く耳を傾けないのに、自分の言いたいことだけは言う」と思っているだろうか。それとも、「うちの親は言いたいことはきちんと言うけれども、子供の言い分にも耳を傾けてくれる」と感じているだろうか。

子供の心が分からないとき、子供が問題や悩みを抱えているときなどは、子供に対して親がどのような自己表現をしているかを見つめ直し、子供は親をどのように見ているか感じているかも考えてみると、親子関係もより明瞭に見えやすくなってくるし、子供がよりアサーティブになるために、親としてどう変わったらいいのかも見えてくるであろう。

②　親として子供の自己表現をどのように受け止めているか

次に、子供の自己表現を親としてこれまでどのように受け止めてきたか、現在はどのように受けとめているかを見つめ直すことも重要である。子供が親に不満を言ってきたり反発してきたとき、子供の言いなりになってしまうだろうか。それとも、何とかして子供を抑えつけて言うことを聞かせようとするだろうか。あるいは、子供の言い分にも耳を傾ける努力をしているだろうか。また、子供が悩みや不安を打ち明けてきたとき、子供と一緒に不安に巻き込まれてしまって、親まで不安に圧倒されてしまうであろうか。子供の悩みや不安を聞くのが嫌で、つい子供を叱ってしまったり、「気にするな」、「そんなことは大したことではない」、

「そんなことよりも勉強しなさい」と否定してしまうだろうか。それとも、迷いを感じながらも子供の不安や悩みを分かろうと努力しているだろうか。

子供は、自分の自己表現を親がどのように受け止めてくれるかを実に鋭く観察している。そして、親が時に迷ったり悩んだりしながらも、自分が表現することを正面から受け止めてもらえると、大きな安心感と自信を得るのである。しかし、もし子供がいくら自己表現しても、親から率直な反応が返ってこなければ、子供は不安を募らせるか苛立ちを覚えることになるだろう。また、いくら自己表現しても、親から頭ごなしに否定され無視され押さえつけられては、次第に自己表現する意欲を失い、非主張的に引きこもったり、あるいは満たされない気持ちを親や教師や他の子供に攻撃的にぶつけることになるであろう。

2　子供の自己信頼を育む

アサーティブな自己表現ができるようになるには、自己信頼すなわち自尊心と自己受容、そして自己理解が必要であることはすでに述べた。自己信頼は、家族での体験が最も重要な基盤となって形成されるが、では、親はどのようなことを心がけたら良いのであろうか。

①　学歴偏重から子供の存在そのものを大切にすることへ

子供の自尊心や自己受容は、自分の存在を親からありのままに受け入れられ肯定された体験が積み重なって育ってくる。子供にとっては、「自分は親から愛されている」、「自分は親の前で自分らしくあっていい」という感覚が何よりも重要である。しかし、近年の学歴偏重主義は、親が子供の存在をありのままに受け入れることを非常に困難にしている。つまり、子供の存在価値が成績のみによって決められ、「あなたがちゃんと勉強したらあなたのことを認めてあげます。そうでなければ、あなたは価値のない人間です」という、いわば条件つきの受容になってしまっている。これは、あからさまに言語化されて親から子供に伝えられることはまれであるが、親が無意識のうちに子供に伝達しており、子供も敏感にそれを感じ取っていることが多い。

親にしてみれば、子供の成績を心配するのは、子供の将来の幸せを考えれば当然のことのように思うかもしれない。しかし、幼いうちから自由に遊ぶ時間を奪われ、友達と競争して相手を蹴落とすことを奨励され、今をどう生きるかよりも将来のために今は我慢して頑張ることを強いられると、いずれ子供は些細なことでつまずき、「自分は一体何のために生きているのか」が分からなくなって挫折したり、「自分さえ良ければ人は傷つけようが迷惑をかけようが何をしてもいい」という生き方をすることになる。

勉強はできればできた方がいいのかもしれない。将来子供が何かしたいと思ったときに、選択肢を広げることにもつながるであろう。しかし、勉強ができる、偏差値の高い学校に行っている、有名企業に就職した、ということだけでは、子供には自分の人生を切り開いていく力は身につかないのである。

子供が誕生したとき、親は何よりも子供が健やかに育ってくれることを望み、子供の命を何よりも大切に思う。その時の愛情こそが、子供の存在を無条件に受容するということである。子供が大きくなれば、通常はそんな感覚は薄れ、時には腹を立て、時には嘆き、時には憎しみすら覚えるであろう。それはそれできわめて自然な時間の流れであり変化である。しかし、時には子供を勉強や学歴の物差しだけで見ていないか、本当に心の底から子供の存在そのものを大切に思っているか、そして、それは子供にはどのように伝わっているかを自問自答してみる必要があるであろう。

② 肯定的フィードバックの重要性

少子化が進んでいる現代家族では、昔と比べて親の目が子供に届きやすく、関心が子供に集中する傾向がある。その結果、ごく平均的な親でも、子供を見ているとつい「〜しなさい」、「〜しては駄目」、「早く〜しなさい」と言うことが多くなってしまう。そして、子供を急き立てたり、命令口調になったり、子供の行為を叱るのではなく親自身の感情で怒ってしまうということが生じ易い。もちろん、そういうことが全くない親などいないし、絶対にそうしてはいけないということでもない。しかし、多くの親が、知らず知らずのうちに、自分の思い通りに行動してくれない子供に対して否定的な感情を募らせ、否定的なフィードバックをしがちになってしまう。

否定的フィードバックが中心になると、いつの間にか子供の悪いところや欠点や弱いところしか見えなくなってしまい、子供の良いところや長所や強さ、結果にはつながらなくても子供なりに努力したことなどが見えなくなってしまう。つまり、親の子供理解が否定的な側面に偏ってしまい、肯定的な側面が過小評価されてしまう。そうすると、子供自身の自己理解も否定的な側面が中心になってしまい、子供は益々自信を無くしてしまう。日頃から肯定的なフィードバックをほとんどされていない子供は、親から怒られたり注意され続けると、「自分は駄目な人間なんだ」、「自分がやりたいようにやったら怒られるから、言われる通りにやっていた方がいい」という思いを募らせ、次第に非主張的になっていく。あるいは「また怒ってる」、「どうせ何をしても自分が認められることはない」と諦め、親の言うことに耳を貸さなくなり、攻撃的な自己表現を強めていってしまう。

反対に、小さなことでも日頃から誉められたり慰められたり励まされたりという肯定的なフィードバックを十分にされている子供は、仮に親から叱られたり怒られたり注意されたりしても、それによって自分の存在そのものを否定されているとは思わず、親が言ったことの意味を考え、自分に悪いところがあれば反省するものであり、バランスのとれた自己理解が可能になる。

③ 子供の悲しみや痛みを否定せず分かち合う

現代家族の特徴の一つとして、楽しみや喜びの感情体験を共有することは容易だが、悲しみや痛みといった感情体験をお互いに分かち合うことが非常に困難になっているということがある。どのような子供であれ、勉強のこと、友人関係のこと、自分自身の容姿や性格のこと、将来のこと、家族のことなど、様々なことで悲しみや痛みを体験する。そのような時に、悲しみや痛みの感情を否定することなく、ありのままに他者に理解され受け入れられることによって、子供は大きな安心感を得ることができ、徐々に立ち直ることが可能になる。そして、その体験を乗り越えられれば、自信すらもたらしてくれるものとなる。この場合の他者とは、友人、教師、親など、子供にとって重要な人であれば良いのであるが、とりわけ親がこの役割を果たす意味は大きい。

しかし、親が子供の悲しみや痛みをありのままに理解し受け入れるということは、そう簡単なことではない。しばしば親の方が不安になったり、苛立ちを覚えたりして、「そんなことは早く忘れなさい」、「落ち込んでいないで元気出しなさい」、「もっと明るく考えなさい」と言ってしまったりする。親としては、子供のことが心配で何とか励まそうとしてそう言っているのだが、子供としては、「落ち込んでいる自分がいけないんだ」、「こんなことで悲しいのは自分が弱いからだ」、「どうして自分の気持ちを分かってくれないんだ」と感じてしまい、すぐに立ち直れない自分に対する嫌悪感が生じ、自己評価を一層低くしてしまう可能性がある。あるいは、理解してもらえない苛立ちを周囲に攻撃的にぶつけるかもしれない。

このような時に、通常子供が求めているのは、否定しないで自分の話をただじっくりと聴いてもらうことや、自分のつらさを分かってもらうことであって、どうすべきかという解決策ではないし、ましてや自分の感情を否定されることではない。つまり、親に求められているのは、じっと待つことや見守ることである。もちろん、それは単に何もしないで受身的に構えて見ているということではなく、親自身が不安や葛藤と戦いながらも、子供の感情や体験を分かろうとエネルギーを注ぐことであり、その意味では非常に能動的で積極的な関わりである。それはまた、親が子供を信頼することなくしては不可能な関わり方である。子供は、親が自分を信頼し見守ってくれていることは敏感に感じ取るものであり、そうした親との関係が子供の自己信頼を一層強いものにするのである。

3　両親の夫婦関係の重要性

子供の心の安定、あるいは精神的な健康を左右する要因は様々であるが、家族関係に限って言えば、最も重要なのは両親の夫婦関係だと考えられている。アメリカの著名な家族療法家の中には、子供の心身の問題の治療を行う際に、子供とは直接会わずに両親夫婦だけと面接する人もいるほどである。つまり、両親の夫婦関係が改善されれば、子供の問題は自然に消失すると考えられているのである。

①　子供の心の安定の基盤

両親の夫婦関係が葛藤に満ちており、毎日のように喧嘩が繰り返されていたり、あるいは会話らしい会話が交わされていないような冷え切った家庭では、子供はびくびく怯えながら毎日を過ごさなければならなかったり、感受性の強い子の中には、両親の夫婦関係が悪いのは自分のせいだと意味づけて自分を責めてしまう子もいる。また、家が自分にとっての心休まる居場所とはなりえないので、ストレスのはけ口を家庭の外に求めることになりやすい。いずれにしても、子供にとっては両親に守られているという実感を持ちにくく、不安になりやすかったり、怒りや憎しみを蓄積させていくことにつながる。そうした子供がアサーティブに自己表現するのが困難になるのは、容易に想像ができるであろう。

反対に、両親の夫婦関係に大きな問題がなく、ほど良い関係が保たれていると、子供は安心感を持てるばかりか、そうした両親の子供であることに誇りを感じることもでき、自尊心も高くなる。そのような子供は、必然的にアサーティブな傾向が高くなる。

②　親密な対人関係のモデル

両親の夫婦関係が良いとか悪いというのは、夫婦喧嘩をするかしないかという単純な話ではない。夫婦とは、家族の最も重要で基本的な単位であるにもかかわらず、そもそも二人の赤の他人から成り立っている単位である。いくら愛し合って結婚した夫婦であっても、生まれ育った家族の特徴も、それまでの生きてきた歴史も体験も価値観も、そして性格も、すべての点において多かれ少なかれ異なっているはずである。したがって、夫婦がお互いに素直に生きていれば、様々な点において二人の気持ちや意見が一致しないことが起こるのが当たり前である。

そうした時に、良い夫婦は時に喧嘩をすることもあるが、お互いの違いを認めつつ補い合っていくことができる。つまり、お互いに助け合いながらアサーティブに関わっているのである。そうした両親のあり方は、子供にとっての親密な対人関係のモデルとなるものである。反対に、関係が悪化している夫婦には、一方が他方を責め、他方は自己主張せずに耐えるという、攻撃的な父親（母親）と非主張的な母親（父親）という組み合わせや、お互いに相手を責め合う攻撃的な両親、そして、お互いに自己主張せずに自分の殻に閉じこもってしまう非主張的な両親といった組み合わせがある。そうした両親の下では、子供は攻撃的に人を責めることを自分の中に取り入れてしまったり、人を思い遣ることを学べなかったり、自己表現することを恐れるようになったりする。

人がどのように他者と関わるか、どのような人間関係を築いていくかということは、その人の親との関係によるところが大きいと考えられてきたが、それに加えて、両親の夫婦関係も非常に重要なモデルとなるのである。

六　おわりに

子供は、家族との関わりの中で自己表現の仕方を身につけていく。その意味では、親の影響力は良きにつけ悪しきにつけ非常に大きいと言える。しかし、親もまた一人の人間であり、不完全な存在であり、自身の両親から大きな影響を受けて生きてきている。子供が生き生きとした毎日を送り、自分も他者も大切にできるようなアサーティブな人間関係を作っていけるようになるためには、子供の変化だけでなく親の変化を抜きにして考えることはできない。そのためには、親が悪いという見方をしていては何の解決にもならない。むしろ、現代にあっては、悩み迷い傷ついているのは子供たちだけでなく親も同様であり、子供の成長を支えていくためにも、親をいかにしてサポートしていくかが大きな課題となっている。

〈付　記〉

アサーション（自己表現）トレーニングは、日精研心理臨床センターで年に数回のトレーニングが開催されており、個人参加を受け付けている。また、ＩＰＩ統合的心理療法研究所では、職場などでのトレーニングや講演会への講師の派遣・トレーナーの養成をしている。広島の「えなカウンセリングルーム」では、個人参加のトレーニングも講師の派遣もしている。関心のある方はいずれかに問い合わせていただきたい。

日精研心理臨床センター：03-3234-2965　http://www.nsgk.co.jp/html/pcc-koza.html

ＩＰＩ統合的心理療法研究所：03-3234-4773　http://www1.odn.ne.jp/ipi/

えなカウンセリングルーム：082-247-7429　http://plaza7.mbn.or.jp/~ena/

〔参考文献〕

平木典子『アサーション・トレーニング――さわやかな〈自己表現〉のために』金子書房、一九九三
平木典子『いまの自分をほめてみよう――元気が出てくる心の法則』大和出版、一九九六
平木典子『自己カウンセリングとアサーションのすすめ』金子書房、二〇〇〇
平木典子『言いたいことがきちんと伝わる50のレッスン』大和出版、二〇〇一
平木典子とアサーション研究グループ『心を癒すほめ言葉の本』大和出版、一九九八
小泉吉宏『コブタの気持ちもわかってよ』ベネッセ、一九九七
野末武義『アサーション（自己表現）トレーニング　こころの看護学』星和書店、第3巻第1号　三三―三六頁、一九九九
パット・パルマー『自分を好きになる本』径書房、一九九一
パット・パルマー『ネズミと怪獣とわたし――やってみよう！　アサーティブトレーニング』原生林、一九九四
パット・パルマー『おとなになる本』径書房、一九九四
パット・パルマー『楽しもう』径書房、一九九八
パット・パルマー『泣こう』径書房、一九九八
パット・パルマー『怒ろう　径書房』、一九九八
Pope, A. W., McHale, S.M. & Craighead（高山巌監訳）『自尊心の発達と認知行動療法――子どもの自信・自立・自主性をたかめる』岩崎学術出版社、一九九二
園田雅代・中釜洋子『子どものためのアサーション（自己表現）グループワーク――自分も相手も大切にする学

級づくり』日本・精神技術研究所、二〇〇〇
園田雅代・中釜洋子・沢崎俊之編著『教師のためのアサーション』金子書房、二〇〇二

4　子どものイジメと自殺

齊藤万比古
国立精神・神経センター精神保健研究所部長

一　はじめに

マスコミの報道においては青少年の自殺行動の背景要因としてイジメが最も注目されており、「子どもの自殺」イコール「イジメ」というイメージさえ社会的に容認されているように感じられる。しかし、児童思春期の子どもの間で生じる実際の自殺行動は、より広範な背景要因を持った現象であることはいうまでもなく、家族外の集団との関係における重大な危機を意味するイジメはそのような要因の一つであるにすぎない。たしかに児童思春期の子どもにおいて家族外の集団、中でも同年代の仲間集団の持つ意義は子どもの精神発達過程という観点からしてもきわめて大きなものがあり、それがイジメに対するこの年代の子ども特有な脆弱さと関連している可能性がある。本章ではまず、家族へ依存した家族内の存在から、自立的に社会で存在できる社会的存在としての自己の確立に至るまでの児童思春期の精神発達における同年代仲間集団の意義と、そこでの適応上の危機としてのイジメについて検討し、次いで子どもの自殺についてその実態と自殺に至る子どもの心性について、そして最後にイジメられた体験が自殺に結びついてしまうメカニズムについて考えてみたい。

二　心の発達過程とイジメ

1　心の発達過程からみた思春期

図1は子どもとそれを取り巻く環境との関係を簡略に図式化したものである。家族の中に生を受け、幼児期を通じて育まれてきた子どもの自我（太線の円）は、家族から外界へという発達の前進ベクトルにしたがって外界へと顔を出していく。その外界から子どもの心を受けとめるのは幼児期には主として託児施設や幼稚園・保育園などであり、児童思春期には学校と仲間集団である。これらの外界は子どもにとっての重要な発達目標である親離れを支持する機能を持った、まさに「中間的・過渡的な外界」である。しかしこの中間的・過渡的外界はしばしば子どもに対して厳しいストレスを与えてもおり、時にそれが過剰となりすぎて子どもの外界への関心を大きく損ない、前進ベクトルの逆転すなわち外界から家族へという退行ベクトルを生じさせることもある。もちろん家族もまた、いつも子どもを支持して発達を促すだけではなく、家族―子ども関係をストレスの強いものに変化させたり、子どもを家族へと引きつけ、強い退行ベクトルを生じさせる状況

図1　子供の自我と環境

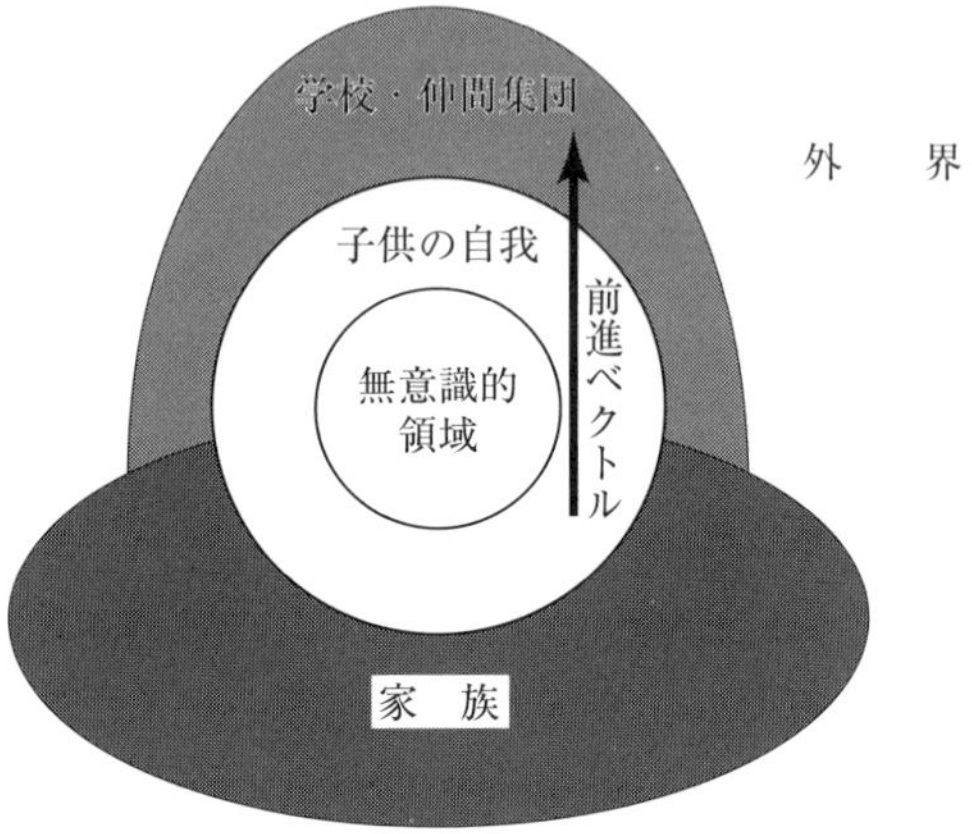

に陥らせることも稀ではない。現実の子どもの心の発達はこれらの前進的および退行的な諸ベクトルの総和として成立するものであり、大半の子どもではこの総和としての「ほど良い前進ベクトル」を恒常的に保持することができているのである。図1で子どもの自我が内包する領域として描いた同心円は子どもの心の無意識領域を示している。子どもの自我にとって衝動は無意識領域からの圧力として体験されており、自我はその圧力を軽減するために何種類もの心理的防衛をオートマティックに作動させる。それでも処理しきれないその圧力の過剰部分が、子どもにとっては不安や葛藤として意識されることになる。子どもの自我と環境（家族と外界）との間のやりとりは、環境からのポジティブなあるいはネガティブな働きかけとそれに対する子どもの諸反応の総体である。それは同時に無意識的領域の衝動エネルギーを増大させることになり、その結果、様々な感情と葛藤を生じさせる。そのようにして環境との間で子どもがくり返し経験していく現実的な出来事に感情体験

図2　子供の心の発達

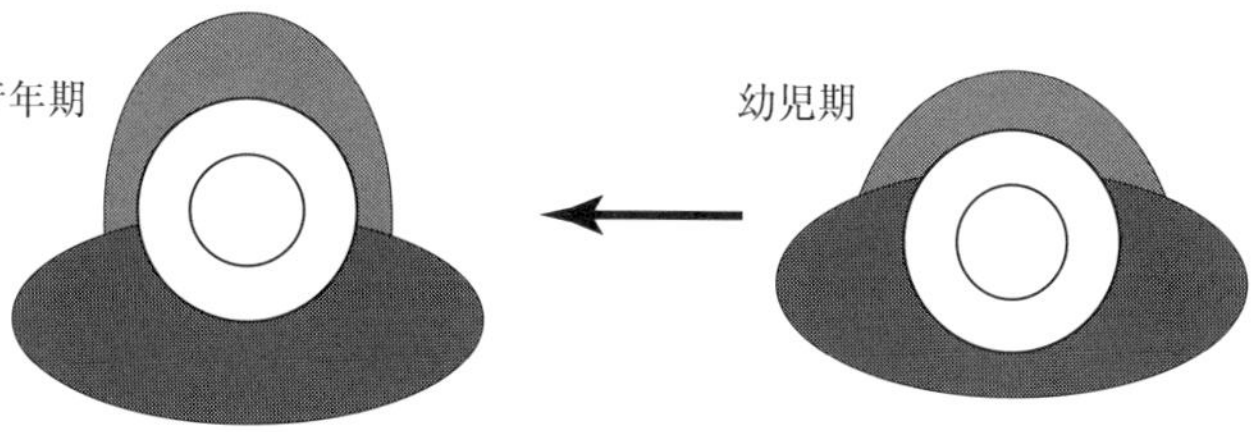

としての個人性が付与されることになるのである。

図2右図は幼児期の子どもの自我を示している。自我はその大半を家族に包まれており、親子関係こそ経験の大半を占めるものである。その後、徐々に外界との交流が広がってきた子どもは、一〇歳を過ぎて思春期に入っていくと図2左図の状況まで外界に顔を出してくる。ところが思春期の子どもはここまで親離れを前進させながら、一方では急速な身体発達による衝動エネルギーの増大とともに、以前にも増して親への関心を強めるなど幼児期の心性が再現してきているのが普通である。その結果、増強する親との関係のストレスや心理的葛藤に子どもは対処しなければならないが、幸い思春期の子どもは幼児期にはなかった外界からの支援を利用してこれらに向かうことができるのである。そのために子どもは中間的・過渡的な外界である学校や仲間集団との関係に没頭し、そこでの適応の成功から与えられる心理的な支えに執着し、そこからの孤立をなによりも恐れる。かくして思春期に達した子どもは、表面的には「幼児期心性の再現」している内面の不安定さをあらわにすることなく、適応的に日々を過ごすことができるのである。その不安定な内面は時折、母親をはじめとする身近な対象に向けて小爆発をする程度であり、周囲からは好意的に「反抗期」と受けとめられていることが多い。しかし、このようなバランスを保ち

ながら思春期の成長を続けている子どもは、外界からの支援を得続けるために学校活動や仲間関係にいつも多少とも過熱な適応をし続けなければならない。このような思春期の子どもの姿は、風に揺れる綱の上でバランスを保ちながら、一瞬たりとも気を抜くことのできない孤独な綱渡りのように見えてくる。

ところで「幼児期葛藤の思春期版」ともいえるこうした発達路線上の危機は、発達論的にはいかなる合理性を持って存在しているのであろうかという疑問が当然ながら湧いてくる。これについては、乳幼児期の一連の経験が身体発達とあいまって形作った「自我機能の原器」を実用可能なところまで磨き上げ、主体的な個人として存在できるまでに子どもの心を成熟させるために、思春期における幼児期葛藤の部分的反復という経験を利用する必要があると考えることができないだろうか。そうであるにしても思春期は、子どもが前述のような微妙なバランスの上に存在せねばならないという意味で、人生最大の危機的年代であるといえるだろう。

2 子どもがイジメるとき・イジメられるとき

子どもにとってイジメが最も深刻な体験の一つであることに異論はないだろう。イジメが最も頻発し、子どもに与える影響の最も大きい発達段階はやはり思春期（一〇から一五歳くらいまでの五、六年間）である。思春期の子どもにとって学校活動や仲間集団に適応することから得ることのできる支持的エネルギーが、心理的発達の諸課題を実現していくうえで、いかに重要な推進要因となっているかは前述したとおりである。このため子どもは、思春期においてはとりわけ仲間集団の人間関係とそこでの活動に適応しようと夢中になる。

図3　子学校仲間集団における不適応状況の発現

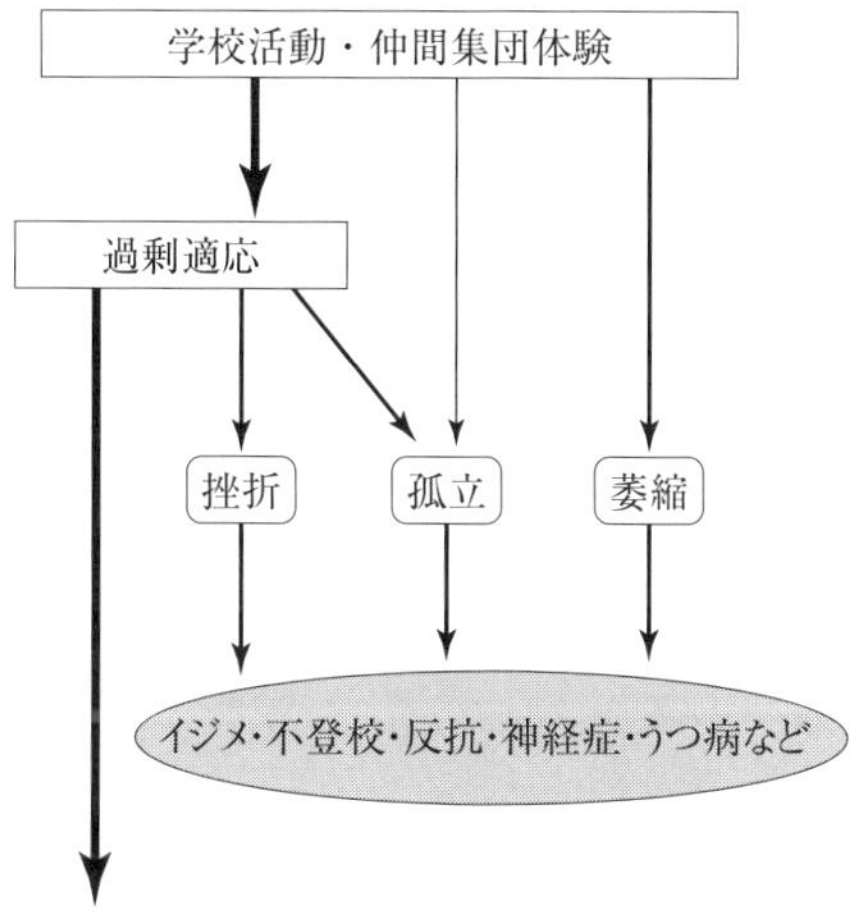

子どもは環境に適応しょうとする際にはいつでもどこか過剰適応的であろうとするということを考慮に入れたうえで、なお思春期は子どもが特別に爪先立った過剰適応を示す年代であるといえるだろう。そしてそこにこそこの年代特有な脆弱性が存在するのである。子どもは仲間集団の中にあって様々な形で不適応感を持つに至るが、その最も一般的な形式の一つがイジメという体験であることは確かであろう。以下では思春期の子どもの不適応状況を三類型に分けて検討してみたい（図3）。

(1)　過剰適応の挫折

思春期の子どもが見せる仲間集団への過剰適応の必要性についてはすでに述べたとおりである。この過剰適応のために子どもが無理な背伸びをしていればいるほど、仲間集団内での活動や人間関係における些細な失敗でさえ子どもにとりかえしのつかないほど決定的な恥をかいた、あるいは立ち直れないほど馬鹿にされたといった感情を生じさせることになる。こうした傷つくことへの過敏さだけが過剰適応のもたらす結果ではない。傷つきやすさの反面で、過剰適応を続ける子どもには、仲間の自分と同じような過敏さや痛みにたいする、ある種の鈍感さが共存しているのである。そのため子どもはしばしば、仲間の一人が自らも恐れているような失敗をすると、その傷口を拡げるような嘲笑や攻撃を集中することで、自らの内面にある挫折や孤立にたいする恐れを回避しようとする傾向がある。当然ながら自らが失敗をした場合には、その失敗にたいする仲間の攻撃を予測し、決定的な挫折体験であると早とちりする可能性が大きい。実際に子どもが失敗や挫折と感じた仲間集団内での出来事が、しばしばあまりにも些細なものであることに大人は驚かされる。例えば仲間の前で放屁してしまったり、大便を学校のトイレでしてしまったり、成績が急に下がったり、逆に成績が急に上がったり、第二次性徴が早かったり（女子に多い）、逆に遅かったり（男子に多い）などといった日常的に生じうるものや、アトピー性皮膚炎の悪化などのような体質的にどうしようもない出来事が仲間の嘲笑や攻撃を生む要因になりうるのである。

(2) 萎　縮

思春期の仲間集団の活動は小学校低学年における仲間の活動に比較して、いくつかの点で格段に迫力のあるものに変化する。その迫力は、思春期の子どもに見られる異質な存在への強い拒絶感、集団への強い忠誠心、そして大人にたいする秘密の共有などが醸し出すものであるらしい。もちろんこうして迫力を増してきた思春期の子ども集団にたいする大人達（例えば学校での教師）の対応も、負けず劣らず迫力を伴うものになってくる。例えば、日常会話での言葉遣い、子どもを注意する際の怒声や用語、体罰の使用などがそれにあたるだろう。この年代にふさわしい過剰適応が成功している子どもは、仲間集団のメンバーになりきることで、仲間集団そのものや大人のこうした迫力に対抗することができる。しかし思春期のはじまりの段階からその迫力に圧倒され、仲間集団に加入することもできず、周囲で生じる仲間集団の騒々しくも荒々しい活動を恐れて萎縮してしまう子どもも存在するのである。中には外界との出会いのはじめ、すなわち幼児期における幼稚園・保育園体験の早期から外界に対し萎縮してしまった子どもも存在しており、その典型的な例が選択性緘黙――学校など限局した場面でだけ会話できない情緒傷害――の子どもであるとされている。

萎縮している子どもにとって学校は、あくまで荒々しく緊張を強いられる場となっており、朝家を出てから夕刻家に帰り着くまでの学校生活全体が強い緊張を強いられた時間となる。もしこうした子どもの緊張に満ちた萎縮を、学校で精一杯耐えている姿と認知してくれる教師や、まがりなりにも支えあえる友人が一人でもいてくれたら、彼らにとっても学校は耐えられる場となるだろう。しかし教師は、この子どもたちをその目立たなさ故に見過ごしてしまうか、あるいはその消極性を問題にして「もっと積極的に」と変更を迫ることで、子どもにさらなる緊張と萎縮を強いるという悪循環に陥りがちである。さらに、こうした目立たない子どもに注目する同級生は少なく、支持的な友人を得ることはほとんど不可能に近い。こうして理解者もなしに学校における時間を身を堅くして耐えている子どもにとって、周囲の子どもの言動やそれにたいする教師の介入などはいずれをとっても恐ろしい言葉や乱暴な行動であり、それが自分に向かうことを予想するだけで学校に向かう足は重くなろうというものである。こうした周囲にたいする恐れや友人のいないという状況が持続すれば、当然ながら萎縮した子どもの恐怖感の閾値は下がっていく。その結果として、萎縮した子どもの個性を理解しない教師や仲間からの批判やからかい、集団的活動への強引な勧誘、あるいは学校での能動的な役割（クラス代表など）の強制などは、いずれもその子どもにとってはイジメられたと感じるに十分な体験となってしまうのである。

(3) 孤　立

思春期の子どもの発達過程を左右する仲間集団への帰属は、多くの子どもにとって悲願といってもよい強い願望である。一見そのような願望を放棄しているように見える極端に萎縮した子どもにおいてさえ、仲間集団への帰属を求める気持ちが存在することに気づかされることは少なくない。ところが不幸にも、この仲間集団へ加入したいという悲願を拒否される子どもが、少なからず存在するのである。

このような仲間からの排除の理由は、二種類に分けて考えるのが適当だろう。第一の理由は、子ども自身の特徴あるいはハンディキャップによるものである。子どもの生来の身体的な特徴や運動機能の障害、あるいは知的発達の遅れなどは、思春期の仲間集団から排除される理由になったり、排除されないまでも攻撃やからかいの対象として選択されやすい。小学生年代の間は大人の求める価値観にしたがってハンディキャップを持つ仲間を受け入れ支えるという姿勢を持っていたはずの子どもたちが、中学生となり大人の理想や子ども観から離れはじめると、このような差別的な行動を平気で示すようになることに大人は少なからず当惑させられる。さらに衝動コントロールの下手ないわゆる「未熟な」子ども、自己中心的で注目を貪欲に求める「自分勝手な」子ども、さらには頑固さや早熟さによる、あるいは欧米で育った帰国子女の中に見られるような「自己主張の強い」子どもにたいする排除も、思春期にはよく見ることができる。「未熟な」子どもは仲間集団内の出来事や約束事を不用意に他の子どもや大人に明らかにしてしまったり、あるいは仲間集団内ではそれなりの均衡を保ってなされている乱暴な表現やふざけの歯止めがきかず、ついつい一人だけやりすぎてしまう。こうした行動の特徴が仲間集団の調和を破り、必要以上に集団内緊張を高めるという意味で、集団から排除される結果を招くことが多い。また「自分勝手な」子どもは貪欲に仲間の注目を浴びたいと願って派手な言動を続け、それが実現しないと大袈裟に傷ついたことをアピールする傾向がある。こうした傾向を持つ子どもは、思春期年代の子どもが親からの精神的な分離をめぐる葛藤を軽減させる手段として、あるいは親に頼ることなく自立の道を歩むための支えとして仲間集団の機能を利用しているという現実の中では、当然ながら仲間に受け入れられるはずがない。メンバーの各々が同情や賞賛や共感を与えたり与えられたり、攻守ところを替えて両方経験していく相互性こそ、仲間集団の持つ支持機能の中核をなすものであるだろう。ところが「自分勝手な」子どもはこの経験の相互性を破壊することになり、仲間集団の調和を乱す存在として、仲間集団からの排除の対象となりがちである。「自己主張の強い」子どもも、仲間集団の大勢に従うことで孤立すまいと汲々としている他の子どもたちの姿勢と比較して、自分の意見をはっきりというなどその毛色が違うことから、排除の対象となることがしばしばある。このことは、集団への帰属感は構成メンバーの質的均一性によって醸成されるという特性が、思春期の仲間集団においていかに強力であるかを示しているだろう。まさに思春期の仲間集団は毛色の違う子どもを排除することによって仲間の一体感と集団としての調和や団結を強化しようとするのである。

仲間集団からの排除の第二の理由として忘れてはならないのは、大人社会の偏見や差別が思春期の子どもの世界に持ち込まれた結果としての拒否あるいは排除である。例えば、近年増加する就労目的の親に伴われて来日したアジア諸国や中南米諸国出身の子どもたち、太平洋戦争の終戦以前から長くわが国で暮らしてきた在日韓国人・朝鮮人の三世四世の子どもたち、あるいは残留孤児であった日本人の親と帰国した中国出身の子どもたちなどは、学校や仲間集団の場において不当に攻撃されたり排除される経験をしばしば持たざるをえないのが現実である。外国人ばかりでなく日本人内部においても、部落解放問題のような歴史的差別構造は現在でも解決できない面が持続しており、地域によっては子どもの世界に深刻な影響をおよぼしているであろう。そのほか親や親族の犯罪、家族や子ども本人のある種の病気はもとより、親の離婚といった日常的な出来事でさえ仲間集団における攻撃や排除の理由となることが珍しくない。いうまでもなく以上のような排除要因の大半は子どもの世界にオリジナルに生じてきたものではなく、明らかに大人社会にその起源がある。本人にはどうしようもないこれらの要因を持つ子どもたちは、周囲の大人の言動やマスコミの報道などに触発された仲間集団から不当な攻撃をしかけられ差別・排除をされる可能性をいつも抱えていることになる。

3　現代の子どもの特徴とイジメ

ここまで検討してくると、イジメる側・イジメられる側を問わず、イジメという現象が成長過程と結合したある種の必然性を持っていることを浮き彫りにする結果となったことに気づかざるをえない。このことはイジメの否定的な意義が軽減することを一切意味してはいないが、イジメの解決を探る介入に際して求められるイジメる側・イジメられる側両者に対するデリケートな配慮の意義を暗示するものである。ところでこの何年か、こうした思春期年代のイジメの展開する場である仲間集団について論じると、現代の思春期の子どもは以前ほど仲間集団に愛着を持たなくなっているのではないかという指摘を必ず受けるようになってきた。もし本当にそうした変化が生じているとするなら、子どもの世界に、そして子どもの心を育む親と子どもの結びつきにいったい何がおきているのだろうか。

筆者はその変化を、「現代の子どもは以前の子どもと比較して親離れが進行しにくくなっている」ということではないかと考えている。確かに、教育の開始時期の早期化や母親の就労の拡大などによる乳幼児期の親子関係の希薄化が指摘される中にあって、現在の子どもと親の共生的な結びつきはむしろ遷延する傾向が見られる。しかもそれは親子がいつも一緒にいるという意味での共生ではなく、むしろ親子が各々自分の自己愛――ナルチシズム――を満たす対象として互いを必要としているという意味での共生である。いいかえれば親は子どもにいつまでも夢を託し続け、子どもはいつまでも夢を見させてくれる親に執着し続けるという意味で、お互いを必要としているのである。このため現代の子どもは思春期に至っても自己中心性の色濃い未熟な自己愛を放棄することがなかなかできない現状にあるといってよいだろう。そうした子どもも思春期に達すれば、親離れの方向への様々な心理的圧力が強まり、その結果仲間集団を求める心性が顕在化してくることについては、以前の子どもたちとなんら変わるところはない。しかし仲間集団が強いてくるある種の自己抑制や忍耐は現在の子どもたちにとって過重なストレスとなるらしく、仲間とのささいなトラブルを契機に仲間集団から距離を置くようになり、完全に家庭にひきこもってしまうことさえ珍しくない。このような現在の子どもの仲間集団に対する過敏性は、第一に仲間集団が強いる抑制や忍耐は多かれ少なかれ自己愛を脅かすものであること、第二にそれに耐えられないほど現代っ子の自己愛は未熟な誇大性を思春期に至るまで保持し続けていることから、生じてくるものと思われる。自己愛を脅かされた子どもはその脅威の場たる家庭外の世界を回避して、自己愛を支えてくれる家庭内の親子関係に容易に回帰してしまうようである。こうした傾向が現在の子どもは仲間集団に愛着をあまり持っていないように見える原因となっているのであろう。

母親の育児にかける時間の短縮などに示されるような乳幼児期の親子関係のある種の希薄化、コンパクト化もまた、現在の親子関係の特徴である。このような親子関係は子どもに渇きにも似た愛情欲求と強い怒りをひきおこすものであるが、一般にそうした親に対する否定的な感情は強い抑圧を受け、表面からはうかがい知ることのできない感情として存在し続ける。そしてそのような感情は、親子が互いに自己愛を満足させあうというバランスがなんらかの原因で崩されたときに、愛されていないという深い絶望を伴う怒りとして初めて子どもの心に自覚されるものである。現在の親子の特徴である自己愛的な共生関係は本質的にこうした潜行する不満と怒りを伴っているのであり、そのため子どもは「親は私の要求を受け入れるべきだ」という強い権利意識を所有することになる。しかもそれはそのまま「子どもは私を満足させるべきだ」という親側の子どもに対する権利意識の裏返しにすぎない。子どもはこうした権利意識の支援を受けて自己愛を支え合う親子関係に強くしがみつくと同時に、この自己愛が損なわれたら噴出してくるであろう絶望感と怒りのエネルギー量を増加させているのである。

こうした状況にある現代の子どもは仲間集団の中で自己愛が損なわれる危険に対して非常に敏感であり、その危険が高まったら速やかに家族の世界へとひきこもってしまう傾向がある。その際子どもは、ひきこもった親子関係の中で激しく怒りを噴出させ、外の世界では表せなかった攻撃性を親に向けてサディスティックに表現する。実はこうした一連の現象が生じる最も一般的な契機がイジメなのである。当然ながらイジメによって子どもに生じる問題のうち最も頻度の高いものは不登校である。したがって現在も続いている小中学校における不登校の増加傾向は、子どもの世界でイジメが一向に衰えるふうのない現状とおおいに関連があるといわざるをえない。不登校に比べて数こそ問題にならないほど少ないが、イジメに関連深い現象であり、また結果の重大さにおいて非常に深刻な現象として子どもの自殺がある。以下ではこの子どもの自殺について検討してみたい。

三　わが国における子どもの自殺

1　子どもの自殺願望と自殺行動

児童期および思春期の子どもは死をどのようなものとして受けとめられているのであろうか。これまで子どもの「死んでしまいたい」という自殺願望についての精神保健的な健康調査がいくつか実施されてきた（表1）。もちろん、このような調査でいう自殺願望は、精神病理的な水準の希死念慮を拾い上げているだけではなく、自立をめぐる不安・恐怖から逃避するための死への傾斜や、自己同一性の形成途上にある思春期の子

表１　自殺願望あるいは希死念慮に関する調査結果

報告者（報告年）	対象（学年　人数）	結果（自殺願望の比率）	統計学的有位性
池田ほか（1981）	中学１年　250名	男子 5.1%、女子14.3%	中学２年で 男<女
	中学２年　253名	男子 4.1%、女子11.1%	
太田（1987）	小学６年　1,421名	男子26.5%、女子32.6%	各学年とも 男<女 女子で学年差あり
	中学２年　1,727名	男子23.6%、女子48.9%	
	高学２年　2,060名	男子31.3%、女子54.3%	
藤ノ木ほか（1988）	中学生　1,053名	男子16.7%、女子38.5%	
	高校生　107名	男子17.7%、女子59%	
渡辺ほか（1988）	中学生　4,443名	男子30%台、女子40〜50%	男<女
太田ほか（1990）	小学６年　2,013名	男子24.1%、女子32.7%	各学年とも男<女 男子：学年差なし 女子：学年差あり
	中学１年　2,229名	男子24.3%、女子419%	
	中学２年　2,246名	男子25.7%、女子46.6%	
	中学３年　2,246名	男子27.0%、女子51.6%	
	高学２年　2,304名	男子21.1%、女子39.6%	

ども特有な虚無的気分、あるいは感傷的な死への憧憬などを拾っている可能性もある。それを勘定に入れたうえでなお、この表の数字が教えてくれているように、小学六年生の年代ではすでにかなり多くの子どもがある程度現実的な〝死のイメージ〟を持って自己の死を心に思い浮かべているということに注目すべきであろう。中学生になると自殺願望を持つ子どもはさらに増加し、いくつかの調査によれば男子で四・三〜三十数%、女子で十一〜六十%といった比率になる。こうして年齢とともに増加する自殺願望は、この中学生年代がピークであるという調査結果と、高校生ではさらに高い比率になるという両方の調査結果がある。いずれの調査も女子のほうが男子より有意に高い比率で自殺願望を持っていることを明らかにしており、少なくとも自殺願望に限れば女子のほうに出現しやすい感情であると考えてよいだろう。

以上のように思春期の子ども、すなわち小学校高学年の生徒および中学生は、それ以前の幼い年代に比べると死をより現実的な現象として理解することができるようになってはいる。しかし、その一方では幼い年代に特有な魔術的死生観――生命の永続性、転生、あの世など――も色濃く残存しているのが普通であり、そのため死が生の終わりとしてきちんと認識されているとはいいがたい。先に検討したように思春期は、内的な両親像からの心理的分離をダイナミックに進行させ、独立した自己像を形成していかねばならない年代であり、親に対する感情は際だった両価性――愛着と反発の拮抗状況――が特徴とされている。このためこの年代の子どもは親からの見捨てられ感や孤立感を持ちやすく、また外界における人間関係に適応しようとするあまりに疎外感を持ちやすい過敏な状態となっているのが普通である。このような特徴があいまって思春期は自殺にたいする親和性と脆弱性の急速に増加する〝臨界点〟となっているものと思われる。

このような思春期年代の子どもには「自殺」というキーワードで語れる様々な自殺行動が存在しており、死には至らなかったが明らかに死を想定した「自殺企図」を中心にして、一方には死を直接めざしてはいない手首自傷のような「自傷行為」があり、もう一方に死に至ってしまった「自殺既遂」がある。この自殺企図に関する精神保健調査の実施は自殺願望のように容易に実施できるものではないため、この領域の研究対象はほとんど精神科の臨床に登場した症例に限定されている。これらの資料からは、わが国の子どもの死に至らなかった自殺企図の発生数は自殺既遂の二・三～一〇倍多く、既遂例と異なり未遂例は女子のほうが男子より二～三倍多いことが明らかになった。死に至らなかった自殺企図は〝死へのとらわれ〟のより少ない自傷行為に近いものから、偶然に未遂に終わったにすぎない〝死へのとらわれ〟の強いものまでを幅広く含んだ現象であるが、結果の違いを考えると、両者は可能なかぎり厳密に区別してとらえるべきであろう。

2　子どもの自殺発生数の推移

ここでは二〇歳未満の青少年に発生する自殺の推移をいくつかの統計資料から検討しておきたい。まず厚生労働省の人口動態統計による死因別死亡率から、わが国における最近の青少年の主な死因をみると、当然ながら九歳以下の年代では「自殺」は主な死因にはまったく登場しない。ところが次の一〇歳から一四歳までの年代になると、「不慮の事故」、「悪性新生物」、「心疾患」に続く第四位に「自殺」が登場してきて、一五歳から一九歳までの年代では「自殺」は「不慮の事故」に続く第二位に順位が上がるのである。この一五歳から一九歳の年代における「自殺」を時代を追って見てみると、昭和三〇年までは主な死因の第一位にあったものが、昭和四〇年以降平成六年までは終始第二位となっている。ちなみに二〇歳から二四歳の年代においても、現在では「自殺」は「不慮の事故」に続いて死因の第二位となっている。

同じ人口動態統計から年代別の自殺率（人口十万人対）をみてみると、九歳以下の年代では自殺はほとんどみることができず、一〇歳から一四歳の年代になって人口一〇万人対一前後（平成六年には一・〇）の出現をみるに至るが、その数字もそれ以降の年代に比較するとまだかなり低い自殺率である。一五歳から一九歳の年代になると自殺率はそれ以下の年代に比べて急激な増加を示すが、それも昭和三〇年以来減少傾向が続き、平成六年には人口一〇万人対五・一となっている。なお二〇歳から二四歳の年代の自殺率は一〇代後半の自殺率から倍増しており、平成六年には十一・七となっている。また自殺既遂は、前述の自殺企図あるいは自

図4　中高生の年間自殺者数

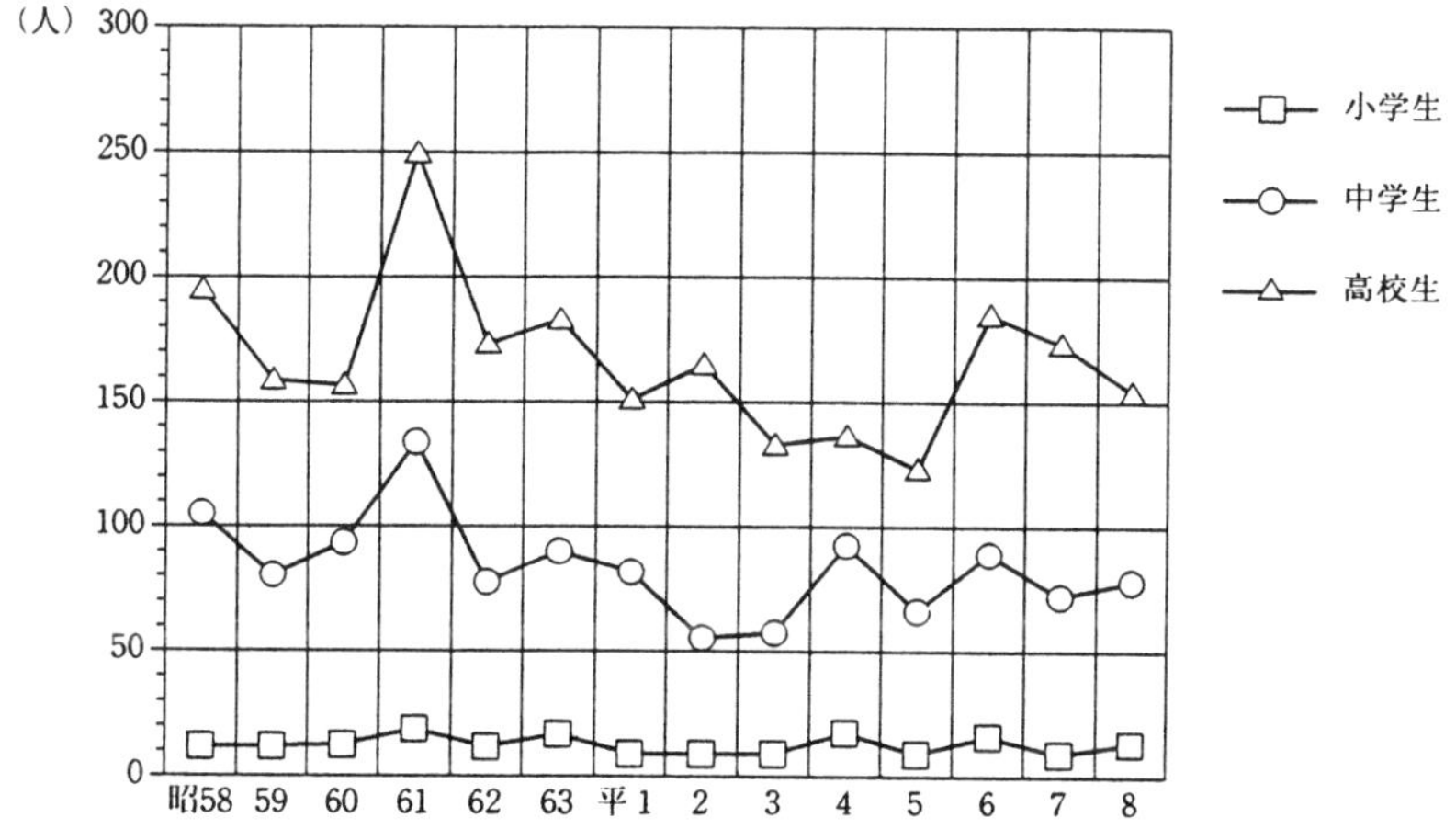

殺未遂とはまったく反対に、いずれの年代においても男子のほうが女子よりも常に高い比率で生じており、これはわが国の青少年の自殺の特徴となっている。

次に青少年の自殺の年次推移を見てみたい。青少年の自殺数に関しては文部科学省による統計と警察庁による統計があるが、一部の例外を除いて後者のほうが全年代で高い数字を示している。死因が不慮の事故死や病死とされている子どもの中に実は自殺であったものが含まれていることはけっして珍しいことではなく、常識的に考えて情報収集手段の違いから後者のほうがより実態に近い数字であるとしてよいだろう。図4は警察庁の把握した数字を青少年白書から拾い出しグラフ化したものである。このグラフでは「小学生」と「中学生」はそれぞれの年代の全員を母集団としているのにたいして、高校生年代（一六〜一八歳）に関しては「高校生」の他に「その他の学校」、「有職少年」、「無職少年」の中の一八歳以下のものを加えた数字をこの年代の自殺数とすべきところを、その作業の困難さのため「高校生」だけを示してある。このグラフからは、平成七年までの一三年間において小学生の自殺はおおむね一定の数字を示し続けており、平均すると年間一〇人ほどの自殺が生じている。昭和六一年、同六三年、そして平成四年に年間一五人以上の小さなピークが見られる。中学生は昭和六一年の一三三人を中心に前半高めの傾向を示しているが、一三年間の平均は年間八三人ほどである。中学生では昭和六一年の他、平成四年と同六年に小さなピークがあるのが目につく。高校生は中学生同様昭和六一年に二四八人と大きなピークがあるが、その後平成五年の一二二人までは毎年確実に減少していき、平成六年と同七年に再び増加する傾向を見せている。なお高校生の一三年間の平均自殺者数は年間一六七人であった。

以上のように、わが国における自殺の既遂例は年代の上昇とともに確実に増加していくことが理解できる。以前はわが国の自殺率の年代による変化の特徴として、二〇代の青年と高齢者にピークのある二峰性の分布を指摘されていたが、近年青年および子どもの自殺率が減少してきたため、加齢にともなって自殺率が増加していく右上がりの直線的分布を示すようになったといわれている。このように子どもの自殺は、戦後の半世紀近くの経過でいえば、非常に低い水準を保っているというのが現実である。とはいうものの子どもの自殺も年とともに増減をくり返しており、しかも自殺数が増加する年には小学生から高校生までが一致して増加し、一つのピークを形成する傾向がある。このことは、なんらかの共通の要因が青少年の各年代の自殺への傾斜を強めることを示唆しているものと思われる。高橋（一九九八）は「群発自殺」という概念を紹介して、「群発自殺とは自殺あるいは自殺企図、またはその双方がある地域において通常の頻度以上に、時間的・

空間的に近接して発生する現象」であるとしているが、近年のわが国における青少年の自殺の動向を理解するのに有意義な観点と思われる。この動向からは昭和六一年のピークが群発自殺といえそうであるが、昭和六一年という年は当時青少年に絶大な人気のあったアイドル歌手A（女性）が四月にビルからの飛び降り自殺を行い、その後殉死のように続く若者の後追い自殺が社会問題化した年である。さらにAの自殺の影響に隠されてしまったが、この年の二月には中野区立中野富士見中学校の鹿川裕史君がイジメを示唆した遺書の中に「このままじゃ『生きジゴク』になっちゃうよ」という言葉を残して自殺している。また図4からは平成六年・七年にも比較的小さなピークが見られるが、平成六年は十一月に西尾市立東部中学校の大河内清輝君が自殺したことを皮切りに平成七年にかけてイジメによる自殺が何件か報道され、社会的注目を集めた。これらの事件とその後の各種メディアによるセンセーショナルな報道が群発自殺を引き起こす諸要因の一つとなりうるとする研究結果もあるが、こうした青少年の自殺数のピークの出現と関連させて考えるとおおいに頷けるところである。

以上のようなわが国の子どもの自殺の動向を、英国・米国・ドイツなど諸外国におけるそれと比較してみると、それらの諸国における子どもの自殺はわが国と同様に一〇歳未満の年代では極めて稀な出来事であるが、各国とも一〇～一四歳の年代から自殺数が増えはじめ、一五歳を過ぎると目立った増加傾向を示すという共通の動向を示している。各年代別の比較を行うと一四歳以下の子どもではわが国の自殺率は英国よりかなり高く、米国とほぼ同率で、ドイツよりは低い。一五～一九歳の青年におけるわが国の自殺率は、米国よりも高くドイツよりは低いという一四歳以下と同じ傾向が続いている。また、男子のほうが女子より常に高率であるというわが国で見られる特徴は、これら各国においても共通した特徴である。

3 子どもの自殺の手段

わが国の子どもの自殺に見られる自殺手段の主なものは「縊首」、「飛び降り」、「ガス使用」であり（太田（一九八七）、北村（一九八二））、北村によれば二〇歳未満の自殺手段は「縊首」と「飛び降り」で全体の八割近くを占めると指摘している。自殺手段の選択をめぐる性差については、男子では「縊首」が最もよく見られる手段であり、女子では「飛び降り」、「ガス使用」が「縊首」と並んでよく見られるという。

自殺手段についての国際比較によれば、各国の子どもが選ぶ自殺手段はそれぞれに多少の違いが見られる。シェーファー（一九七四）によれば、英国の一五歳未満の子どもが選んだ自殺手段は「一酸化炭素などのガス使用」が最も多く、「縊首」はわが国よりも少なく、しかも男子のみが選んでいたという。米国の二〇歳未満の子どもの間では「小火器および爆発物」の使用や「飛び降り」が一般的であるらしい。また、ドイツでは「縊首」と「服薬・服毒」が子どもの間で最も一般的な方法であるというが、後者が圧倒的に多いというエガース（一九八八）の指摘もある。このように子どもが選択する自殺手段には、各国の社会文化的な違いを背景にした明らかな相違が見られる。

4 子どもの自殺の直接動機

自殺に至る子どもの心理機制について大原ら（一九八六）は、前もっていくつかの準備状態があったうえに直接動機となる要因が加わることで、それに反応するという形で自殺に踏み切るというプロセスを仮説として提示している。自殺にとどまらず子どもが示す様々な問題行動は、一見すれば直接動機となった出来事によって出現したように見えてしまうものである。しかし子どもの危機介入において筆者は、当初目立った一つの課題を解消した後にも問題は一向に好転せず、やがて治療の展開につれて子どもが解決しなければならないいくつかの「真の」課題が見えてくるということをしばしば経験している。大原らの仮説はそのような臨床家の感覚からも支持できるところである。以下ではまず直接動機から検討していきたい。

自殺の直接的な動機については、文科省の統計（平成七年一二月文部省初等中等教育局中学校課刊「生徒指導上の諸問題の現状と文部省の施策について」）から、子ども年間自殺数の小ピークにあたる平成六年の一年間に自殺した小中高生一六六人（小学生一〇人、中学生六九人、高校生八七人）の自殺原因を見てみたい。この文科省の統計は自殺の主たる理由一つを学校が都道府県教育庁への報告の際に選択したものの集計と推測される。小学生一〇人の場合、「父母等の叱責」二人をはじめ「家庭事情」が計四人（四〇％）、「学校問題」が「教師の叱責」一人（一〇％）、「厭世」一人（一〇％）、「その他」四人（四〇％）となっている。中学生六九人の場合、「家庭事情」が「家庭不和」「父母等の叱責」各四人など計一二人（一七％）、「学校問題」が「イジメ」四人「進路問題」三人「その他」四人の計十一人（一六％）、「病気等による悲観」が四人（六％）、「厭世」が三人（四％）、「異性問題」が一人（一％）、「その他」が三八人（五五％）であった。最後に高校生八七人の場合には、「家庭事情」が「父母等の叱責」三人など計一二人（一四％）、「厭世」が一二人（一四％）、「学校問題」が「進路問題」七人「イジメ」一人など計十一人（一三％）、「精神障害」が八人（九％）、

「異性問題」が四人（五％）、「病気等による悲観」が三人（三％）、「その他」が三七人（四三％）であった。

この統計は、直接動機を中心にとりあげているが、例えば「精神障害」のようにむしろ準備状態を形成すると考えるのが適当な要因も他の要因と同じ水準で並べられている。さらにいずれの年代においても原因を明確にできなかったと推測される「その他」があまりにも多いなど、自殺の直接動機解明のための資料としては若干の問題がある。しかし、これが子どもの自殺の直接動機を明らかにするための数少ない全国レベルの資料であることはまちがいない。これによれば「家庭事情」はいつの年代でも最も多い原因となっているが、小学生の原因の大半がこれであるのに比べ、中高生ではその意義が減少して他の原因の比率が増えてくる。中学生になると自殺原因としての「学校問題」の意義が高まって「家庭事情」とほぼ同じ比率となり、高校生までその傾向が続いている。「学校問題」は「イジメ」と「進路問題」が主な原因としてあげられている。中学生になると自殺原因には「厭世」や「精神障害」「病気等による悲観」など学校や家庭とは一線を画した個人的な原因が加わって多彩となり、それらの合計が十一％となる。この傾向は高校生ではさらにはっきりしてきて合計三一％となり、「家庭事情」や「学校問題」を越えてしまう。

このような特徴は、自殺の直接動機として子どもでは親の叱責、両親の不和、肉親の死亡、転校、学校でのトラブルなど環境的な影響が強く、青年では前途不安、異性問題、受験や就職の失敗など個人的な問題が多いとする大原ら（一九八六）の指摘とも一致している。またシェーファー（一九七四）は英国の子どもの自殺誘因について、学校での怠けや反社会行動について学校から家庭に連絡がいくなどの「しつけ上の危機」が三六％、「友人との喧嘩」が一三％、「異性の友人との争い」が一〇％、「親との争い」が一〇％であったと報告しており、洋の東西を問わず一四歳以下の子どもの自殺の大半は親子関係をめぐる危機か、あるいは友人関係の危機を含む学校生活の挫折のいずれかを契機に決行されていることがわかる。

5　子どもの自殺の準備状態

自殺の準備状態とは、直接動機となるような出来事によって死を希求し自殺を決行するに至る一連の反応を生じやすくさせるような心理状態を意味しており、自殺への心理的親和性を高める諸要因の組み合わせによってなりたっている。子どもに自殺の準備状態を作り出す諸要因は、他の精神障害や問題行動の場合とまったく同じように、何か一つの要因ということはめったになく、『子ども自身の要因』『家族要因』『社会的要因』の三領域に複数の要因が存在しているのが普通である。この観点からこれまで報告された自殺の準備状態に関するいくつかの見解を検討してみたい。

まず第一の子ども自身の要因に含まれる「うつ病もしくはうつ状態」は、大人と同じように子どもの自殺においても、非常に重要な促進要因となりうることがこれまで多くの報告でとりあげられてきた。いうまでもなくそれは、うつ病の基本症状の一つである抑うつ感が子どもにも希死念慮――死を望む気持ち――を生じさせる作用を強く持っていることによる。その他に準備状態を形作りやすい精神障害としては「統合失調症」、「薬物依存を伴う非行」、「境界人格障害」、「パニック障害――急激な不安発作を主症状とする神経症」などの精神障害がこれまでにあげられてきた。この他に絶望や死を受けとめる認知能力をかなり早くから備える「早熟性（過度の内省傾向など）」は子どもの自殺への親和性を高める場合がある。

第二の家族要因としては「家族とくに親との別離体験（死を含む）」、「離婚などの欠損家族」、「親の情緒的問題――抑うつやアルコール嗜癖など――の既往」、「父親の職業や社会的地位の危機」、「親によるネグレクト――養育の放棄」、「親による身体的・心理的虐待」などが、自殺の準備状態を形成する諸要因としてこれまで指摘されてきた。これらはいずれも、子どもの孤立感や無力感にたいする家族からの社会的情緒的な支えを物理的に少なくするばかりでなく、子どもの「親はきっと助けてくれる・わかってくれる」といった心理的な信頼感の形成にマイナスの影響を与えやすい。その結果、直接動機となりうる外傷的な出来事によって生じる子どもの自殺への傾斜に対して、家族の存在がその実行をとどめる歯止めとならない可能性を高めることになる。

第三の社会的要因としては、家族外から子どもに社会的情緒的支持を与えてきた環境や人間関係が失われたり破壊されるような出来事、例えば「転校」、「転居」、「友人関係の崩壊」、「持続的なイジメ」、「教師からの体罰」、「学業や部活動などの重大な挫折」などが考えられる。家族要因と社会的要因にまたがる要因として、子どもに死を現実的で身近なものとする「親や友人など近親者の自殺」、「芸能人のような著名人の自殺」などは深刻な準備状態を形成する要因であるとともに、しばしば直接動機にもなりうる出来事である。

6　子どもの自殺の心理的意味

以上のような自殺の直接動機と準備状態の存在下に子どもの自殺は生じてくるが、それでは自殺を決断する際に子どもはいったいどのような心理状態にあるのだろうか。北村（一九八八）は青少年の自殺の心理機制として、「援助願望」、「自己毀損あるいは自己破壊」、「休息願望」、「希死願望（逃避）」、「了解不能な自己破壊衝動」をあげている。これらを筆者の理解するところで簡単に説明すると、「援助願望」は死を賭して愛情を引き寄せ助けを求める願いであり、「自己毀損あるいは自己破壊」は他者に対する怒りを自己に向け替えたものであり、「休息願望」は内的なエネルギーが枯渇した状況での強い疲労感に伴うものであり、「希死願望」は現実からの逃避として死の世界での救済を望むという心性であり、「了解不可能な自己破壊衝動」とは精神病状態に伴う激しい自傷行為や自殺行動を生じさせる病的感情のことである。子どもの自殺はこれらの感情や心性がいくつか組み合わされて生じてくるものと理解できるが、北村によれば神経症では「援助願望」、「自己毀損あるいは自己破壊」、「希死願望（逃避）」が、うつ病などによる抑うつ状態では「休息願望」や「自己毀損あるいは自己破壊」が、統合失調症では「了解不能な自己破壊衝動」がそれぞれの自殺の背景として優勢であると指摘している。太田（一九八七）は自殺企図の心理的な意味として「耐え難い現実からの救いの叫び」、「環境を操作しようとする意図」「自殺企図によってまわりの人と関係を持とうという意図」などが重要であると指摘した。またウェイナー（一九七〇）は子どもの自殺企図を、見捨てられ感、罪悪感、無力感などの抑うつ的な感情に伴う「強い苦悩を伝える手段」として、あるいは苦悩をもたらす「耐え難い環境の修正を絶望的に試みるコミュニケーションの手段」として理解できると述べている。

これら自殺ないしは自殺企図を生じさせる様々な心理機制に関する諸説をまとめると以下のように表現できるのではないだろうか。すなわち「子どもは見捨てられ感、孤立感、罪悪感、無力感、怒りなどの感情が耐え難いものになった時に、

図5　子どもの自殺行動に関与する心性

①　周囲の救援を求めるメッセージとして自殺・自傷行為を用いる
②　環境を支持的なものに操作・修正するために自殺・自傷行為を用いる
③　精神的休息や救いを求めて自殺を実行する
④　攻撃性の自己への置き換えによって自殺・自傷行為を実行する
⑤　不確かな自己感覚を鮮明に実感する手段に自殺・自傷行為を用いる
⑥　心の空虚感を埋めるために自殺・自傷行為を用いる。

①周囲の救援を求めるメッセージとして、
②環境を支持的なものに操作・修正する手段として、
③死による精神的休息や救いを求めて、すなわち現実に絶望して、
④攻撃性あるいは破壊衝動を対象から自己に置き換えて、
自殺行動に走るのである」と（図5）。

なおわが国で注目されてきた子どもの手首自傷症候群——頻繁に手首自傷をくりかえす思春期青年期に特有な行動および情緒の障害——のような現象は、これまで述べてきたような自殺の周辺に存在するものである。この現象はまず①と②の心性が色濃く見られるために、わざとらしい演技的な行動と受け取られがちである。しかし手首自傷症候群の子どもはこれらの心性に加えて⑤あいまいで不確かな自己感覚——自分という実感——を痛みや出血を通じて鮮明に感じるため、⑥心にぽっかりと空いた大きな空虚感を埋めるためという両者の願望を実現するために、手首を傷つけ続けるのである。しかもすぐにではないにしても、手首自傷が適切に援助されない場合、演技的な自傷をくり返していた子どももついには決定的な自殺行動にふみきるまでに追いつめられていくことが稀ならず存在する。以上より、⑤⑥を含めた図5の六種類の心性が単独であるいは組み合わされて、児童期から青年期にかけての子どもを自殺および未

遂に終わった自殺企図へと向かわせるものと考えてよいだろう。

四　イジメと自殺

ここまで思春期年代を中心に子どもが仲間集団を作ることの発達論的な意義とイジメとの関連（二）、子どもの自殺の実態および自殺をめぐる心性（三）の二つの課題を別々に検討してきた。本項はその二課題を統合してイジメと自殺の結びつきについて検討するまとめとしたい。

「イジメによる自殺」と報じるマスコミ報道は、いつも子どもの自殺が増えているという警告を発し続けてきたが、子どもの自殺はすでに述べたようにそれほど多い出来事とはいえないし、近年増加傾向にあるというのはむしろ間違いでさえある。それどころか戦後の半世紀の中では、この一〇年ほどの子どもの自殺数はむしろ少ない水準にあるといってもさしつかえないだろう。シェーファー（一九八一）は、子どもの自殺数が他の年代に比べまだ少ない理由として、子どもでは自殺の最も一般的な要因であるうつ病の発症が大人よりかなり少ないこと、家族の枠組みに支えられて容易に孤立が緩和されること、絶望という概念に打ち負かされるほど認知能力が成熟していないことなどをあげている。シェーファーのいう家族の支持をわが国の現状に当てはめてみると、子どもが葛藤の強い外界を回避して家庭へとひきこもることを他の年代に比べ容認されやすいこと、ひきこもった家族内の人間関係によって子どもの自己愛は篤く保護されること、現代は以前より思春期青年期のモラトリアム――社会的責任や義務を免除された猶予期間――が延長される傾向にあり、社会的な立場の明確化を迫られることなく比較的長く家庭内にとどまれることなどがそれにあたるものと思われる。そしてある意味で、そのような家族の支持的状況の典型こそ不登校によって生じる状況に他ならない。つまり小中学生の自殺が比較的低い水準にとどまっているということは、その年代の不登校が年々増え続けている現状と少なからず関係あるのではないだろうか。イジメによる自殺として報道され社会的注目を集めたケースで、評論家が「死を選択するくらいなら学校を休めばよかったのに」という発言をすることがよくあるが、不登校の選択しやすさはたしかにイジメによって自殺まで追いつめられる子どもの数をかなり減らしているものと思われる。しかも不登校はただ親に保護されるというだけではなく、その状況の中で子どもは新たな外界の援助者や支持的な場に出会い、それによって傷ついた自己を立て直し、ついには再び外界の活動に挑戦を開始する時を迎えることもできるのである。

それではイジメによって自殺を選択してしまう子どもは、自殺を決行する前になぜ不登校を選択できなかったのだろうか。現代ほど学校の価値が相対化された時代はなく、そのために以前よりもずっとたやすく学校教育を批判できるようになっており、公教育以外のルートを通って社会へ出ていくという選択をすることも場合によっては可能になっている。それにも関わらず、親にとって子どもの不登校が自らの大きな挫折を意味してしまうという側面はあまり変化しておらず、子どもがイジメに苦しんでいるという状況に薄々気づいていているような場合にも、イジメの解決以前に登校しているということでひとまず安心してしまったり、子どもの苦悩を過小評価してしまうということが普通におきるのである。その場合、子どもはイジメによる苦悩を一人で引き受けなければならず、周囲からの援助が有効になされないならば、前述のようないくつかの心性が作動して、自殺を考えるまでに追いつめられていくこともある。逆に親がイジメの事実に気づき、かつ子どもの持っていき場のない苦悩に共感でき、必要なら一旦家にひきこもることで自分を守るという子どもの選択をも認めることのできるふところの広さを持っていたら、思春期の終わり頃までの子どもではイジメによる自殺をかなり防げるのではないだろうか。

しかし、ことはそれほど単純には進まないのである。親がいくら受容的・支持的であったとしても、子どもがイジメの事実を親に訴えようとせず、支持的介入を含めた一切の口出しを受けつけないということは、先に述べたように親離れのために仲間集団に入れ込んでいる思春期の子どもには珍しくない。味方であるはずの親の介入が自分を精神的に縛りつける束縛、あるいはまだ自分を自由にさせてくれない未練、あるいは自分を小さい子どものように扱う過保護と映ってしまうからであろう。そのように感じている子どもは出口の見えないまま一人でイジメのストレスに耐えようとし、中には疲れ切って自殺に救いを求めるといったところまで追いつめられてしまうこともある。親や教師など子どもを支えるべき大人たちは、大人の介入に対する子どものこのような迷いをよく心得てことにあたる冷静さと柔軟さが求められる。

ここまで本章ではイジメが子どもの自殺の直接動機として作用する場合を想定した検討を行ってきたが、すでに何回か指摘したようにイジメが自殺原因として表面化する数はそれほど多くない。むしろマスコミがそうした「子どもの自殺」イコール「イジメ」といったセンセーショーナルなイメージを煽っている傾向も一時は目立ったが、そのようなとらえ方は子どもの自殺の実態を必ずしも反映していないようである。しかしだからといってイジメられた体験が自殺と結びつく可能性の価値を引き下げることは間違いだと筆者は考えている。なぜなら、イジメが直接に子どもを自殺へと追いつめるという点では大人の予想より少なかったにしても、そのイジメられた体験によって誰もがいつか一度は出会うだろう自殺衝動の高まりに対する抵抗性を弱められ、子どもの内面に後の自殺の準備状態を形成してしまう可能性はけっして少ないものではないだろうと考えるからである。さらにイジメがあまりにもひどく耐えることがむずかしい場合に、家へのひきこもりが子どもを自殺から守ってきたことを示したが、中にはその引きこもり状態とそれに伴う親子の密着した関係からいつまでも抜け出すことができず、長いひきこもりを続けた結果、自殺以外に解決法がなくなってしまうといった形で後の自殺に結びついてしまう場合もあると思われる。このような自殺はもはやイジメ関連の現象としては数えてもらえないが、小中学生の時代のイジメの結果であることには何ら違いはないだろう。イジメや不登校などの問題に関わる親、教師、治療・援助スタッフなどの大人は、子どもを自殺に追い込むことなく支え続けるために、イジメのそのような長期的影響も視野に入れて関わっていくという姿勢を求められているのである。

〔参考文献〕

Eggers, Ch., Esch, A. (1988): Krisen und Neurosen in der Adoleszenz. Kisler, K.P., usw.: Psychiatrie der Gegenwart 7 Kinder-und Yugendpsychiatrie: 317-347, Springer-Verlag, Berlin Heidelberg.
藤ノ木光枝ほか（一九八八）「思春期の子どもの関心事」『思春期学』（二七〇―二七四頁）
池田由子ほか（一九七九）「自殺未遂青少年の臨床的研究」『精神衛生研究』二七（三一―四〇頁）

北村陽英（一九八二）「青少年自殺の日独比較研究」『児童精神医学とその近接領域』二三（一二四―一三七頁）
北村陽英（一九八八）「自殺未遂」上里編『青少年の自殺』所収（五七―七三頁）、同朋舎
大原健士郎ほか（一九八八）「子どもの自殺」『精神科ＭＯＯＫ　一四』（二五二―二六一頁）、金原出版
太田昌孝（一九八七）「こどもの自殺」『精神科ＭＯＯＫ　一六』（八三―九六頁）、金原出版
太田昌孝ほか（一九九〇）「児童・思春期の精神保健に関する研究」　厚生省「精神・神経疾患研究依託費」六二公―三　児童・思春期精神障害の成因および治療に関する研究、平成元年度研究報告書（二一―五六頁）
Shaffer, D. (1974): Suicide in Childhood and Early Adolescence. J. Child Psychiat. 15; 275-291.
Shaffer, D. and Fisher, P. (1981): The Epidemiology of Suicide in Children and Young Adolescents. J. Am. Academy Child Psychiat. 20; 545-565.
高橋祥友（一九九八）「青少年の自殺」『思春期青年期精神医学　八』（二一―三一頁）、岩崎学術出版
渡辺直樹ほか（一九八八）「中学生の行動様式の因子分析による構造分析―自殺願望をめぐる関係因子」『児童青年精神医学とその近接領域　二九』（一六〇―一七二頁）
Weiner, I. B.（著）野沢栄司（監訳）（一九七九）『青年期の精神障害　下巻』星和書店

5 家庭と学校と相談機関との連携

中田洋二郎
福島大学大学院教育学研究科教授

一 イジメに家族はどう取り組めばよいか

イジメによる子どもの自殺が報じられると、必ず二つの問いが発せられる。なぜ子どもは自殺する前に周囲の大人にイジメられていることを訴えないのか。どうして周囲の大人はイジメられていることを自殺する前に気がつかないのか。ときとしてこの素朴な疑問は、自殺した子どもの家族や学校関係者への非難めいた響きをもつことがある。そして自殺した子どもの親子関係や担任教師の能力の問題へと憶測が及ぶ。しかし、それらの疑問の本音は、子どもの自殺という取り返しのつかない事態に対するやりきれなさだろう。

1 なぜ子どもはイジメられていることを隠すのか

子どもが親を信頼していれば自分がイジメられていることを話しそうなものであるが、子どもはイジメられていることを親になかなか話そうとしない。なぜだろうか。その理由はこころの成長過程と関連している。親から自立する過程において、大人の援助や介入が必ずしもプラスではないことを、子どもは先験的に知っているからだろう。

子どもの集団では必ずいさかいが生じる。子どもたちの互いの力関係は流動的であり、いさかいを通してお互いを知り、集団は仲間へと成長していく。この過程でイジメが生じることがある。しかし、この場合、被害者と加害者は一定せず、イジメは一過性のものであることが多い。このようなイジメは子どもの成長にとって必然性をもっている。つまり、子どもたちが精神的に成長するのを助け、仲間としての集団の安定や互いの信頼感を形成するのに役立つといえる。イジメを大人に訴えることはこの仲間関係の形成を阻害する。そのため、子どもは仲間の間に生じるイジメを訴えることはないのであろう。

しかし、仲間同士のイジメでもそれが慢性化することもありうる。また、最近のイジメは、子どもの成長過程の一度きりの出来事として見過ごすには、あまりにも陰湿である。子どもからの訴えがない以上、大人としては、仲間同士で相手をいたぶるような遊びが起きていないか、仲間関係が閉塞的になっていないかという視点で、子どもたちの関わりを見守らなければならないのだろう。

2　親としての自信を取り戻すことの大切さ

仲間同士のイジメでなくても、子どもはイジメられていることを親に話そうとしない。なぜだろうか。イジメとは、反撃のできない相手が自分を惨めで弱い存在と感じる心を弄ぶ行為である。被害者にとってイジメられていることを親に訴えることは、自分の弱さを二重に思い知ることになる。これ以上惨めにはなりたくない、そう感じるから子どもは親にイジメを訴えないのである。親としては複雑な思いだろうが、ある程度自負心が育てば、子どもはイジメに自分だけで耐えようとするのが自然である。

このように子どもがイジメを訴えないのは、こころの成長過程において自然なことと考えられる。しかし、そのことは親にとっては自分が信頼されていないようでつらい。「自分の子どもがイジメられていることを知ってショックだったが、それが他の子の親から聞かされたことがもっとショックだった」とある事例の母親は言っていた。この気持ちはその母親だけでなくイジメの被害者の家族には共通のものであろう。イジメの相談にくる家族は親として自信がない例が少なくないが、そのほとんどは親子関係に問題がない、ごく普通の家族である。放任主義でもなければ厳格すぎることもなく、おそらくイジメというきっかけがなければ、相談機関を訪れることもない家族であっただろう。

しかし、子どもがイジメのことを話さないことで、親子関係が悪化する例は多い。先述の母親は、イジメを知った後「なぜイジメられていることを話さなかったのか」と子どもを執拗に責めたと言う。子どもは泣いて答えず、数日間は息の詰まる日が続き、子どもがはっきり気持ちを言わないことを、言ってはいけないことだと思いながらも、「だから、みんなから馬鹿にされるのよ」と言ってしまったと言う。子どもに信頼されていない口惜しさが、子どもをなじりたい気持ちにさせるのである。

イジメられている子をなじるなんて、誰しも愚かだと思うだろう。しかし、子どものことが心配でたまらない親にとって、その心配がかえって子どもを追い込んでしまうのである。愛情から生じた不安で盲目となった親がそのことに気づくのは難しい。あるいは、やり場のない憤りがはけ口を見つけようとして、我が子への非難となるのかもしれない。

このような親の愛によって生まれた陥穽を避けるには、親はどうすればよいのだろうか。多くのことはいらない。まず、子どもがイジメのことを話さないのは、親子に問題があるからではないことを知ることである。それは子どものこころの成長から生じることであり、子どもが成長している証しであることを理解すればよい。子どもが自分の気持ちを率直に話さなくても、親は決して自信をなくしてはならない。

3　イジメのサインの見つけ方

しかし、子どもがイジメについて話そうとしないからといって、親として為す術もなく手をこまねいてはいられない。イジメが深刻化して非行や自殺に結びつく前に、イジメを見つけ、解消しなければならない。そのためには、日常のなかに顕われるイジメのサインを知る必要があるだろう。子どもの様子がおかしいと思うときには、それらのことがらの有無をチェックすることが大切である。

イジメのサインは子どもの年齢、またイジメの初期と慢性化した時期によって異なる。学童期中期（小学校三—四年生）までは、持ち物を隠されたり盗られたり、教科書やノートに落書きをされたり、見た目でわかる物理的なサインとして表れる。この場合、子どもは事実を隠すことが少なく、状況を聞けばイジメか否かの判断ができることが多い。だから落ち着いて冷静に子どもに接し、感情的にならずに子どもの話を聞くことが肝要である。

外傷がサインとなることも多い。ただし、幼い子ども同士ではイジメによる暴力は直接的でなく、のけ者にされる、危険な肝試しをやらされるなど遊び要素が大きい。イジメによって起きる外傷もそれが事故か否かの判断が難しい。たとえば仲間を追いかけたり、逆に仲間に追いかけられて転んでできる擦り傷や、危険なことを無理にやるために起きた捻挫や骨折などである。いずれも子どもはイジメられている認識がない。そのため、それを自分の失敗として話す。だから、ケガの頻度がイジメかどうかの決め手のひとつとなる。

学童期後期（小学校五―六年生）から中学生になると、イジメは陰湿化し、そのサインはより顕われにくくなる。子どもは仲間をかばおうとし、あるいは自分の弱さを隠すために事実を話さないことが多い。食欲や睡眠時間、親に対する態度や表情、お金の使い方、友人との交遊状況など、些細なことの変化にイジメのサインが顕われる。

イジメの初期と慢性化した状況でのサインはどう違うだろうか。まず前述のことがらの頻度や程度が変化する。しかし、その変化が徐々に起きるために、親にとってイジメのサインを見つけることが難しい。身近にいない祖父母や叔父叔母が、子どもの異常に気づくことがあるのはそのせいである。親として決して見逃してはならないのは、身体的な症状であろう。たとえば原因不明の腹痛や頭痛、チックや爪噛みなどである。この時点ではイジメはかなり深刻化していると考えるべきであろう。

子どもが表現する物にも注意が必要である。たとえば、日記や絵、またメモや漫画の落書きなどである。イジメについて直接述べられたり描かれたりすることは少ないが、明るさを失った表現、厭世的な内容、ひどく暴力的で乱暴な内容は要注意である。これらは子どもがこころの問題をかかえ、それを自らの力では解決できないときに生じるサインでもある。場合によってはそれらがどんな意味を持つのかを調べるために、子どもの心の問題を扱う専門家、たとえば臨床心理士や精神科医のアドバイスが必要だろう。

これらのサインを総合的に把握し、それがイジメのために生じたものであるか否かを判断しなければならない。イジメのサインを見つけるには次の「イジメのサイン」の項目に注意するとよい。

［イジメのサイン］

①　服装や持ち物など外見的にわかるサイン

・持ち物や学用品をよくなくす
・ノートや教科書などに落書きされている
・服や靴を頻繁に汚して帰ってくる

②　身体的症状やケガとして顕現するサイン

・腹痛や頭痛を頻繁に訴える
・爪噛み、おねしょ、頻尿、チックなどが始まる（以前あったものでまた現れたものも含めて）
・よく擦り傷などケガをして帰ってくる
・ケガの説明のつじつまがあわない。
・普通ならつかないところ（背中や手首など）に青あざができている

・ケガなどを隠すために裸を見られるのを嫌がる

③　情緒的な変化に顕われるサイン

・ちょっとしたことで怒ったり、すねたりする
・ふさぎ込んだり、あるいは妙に明るくなったりする
・おかしくても笑わないことが多い
・お笑い番組などを見て、無理に笑おうとしている
・何でもないときに険しい顔をしていることが多い
・外出するとびくびくし、そわそわして落ち着かない
・いつも自信がなさそうにしている

④　家族との関わりの変化に顕われるサイン

・家族に八つ当たりすることが多い
・犬や猫などペットを執拗にいじめる
・妹や弟に意地悪をすることが増えた
・親に話しかけられるのをうるさがる
・自分のことで親に口出しされるのを極端に嫌う
・子どもがえりし、幼い子どものように甘える

⑤　生活態度に顕われるサイン

・朝起きたがらない
・学校へ行きたがらない
・朝、食欲がない
・学校から帰ってきて、ぐったりしている
・自分の部屋に引きこもることが増えた
・何かぼんやりし、浮かない様子である
・眠れていないようだ
・眠っているときにうなされることが多い
・休日になると急に元気になる
・休日が終わる日の夕方になると急に元気がなくなる

⑥　交友関係や学校のことでのサイン

・成績が極端に悪くなる
・学校や友達の話をしたがらない。わざと話題を変える
・遊びに来ていた友だちが来なくなる
・友だちからの電話を嫌がる
・友だちとの電話を親に聞かれるのを極端に嫌がる
・友人の言いなりになっているようだ

・独りで行動することが目立つようになる
・友だちからからかわれても反発しない

⑦ **金銭的な面でのサイン**

・お小遣いをすぐに使ってしまう
・余分なお金を欲しがる
・無断で家のお金を持ち出す
・以前買ってもっているはずの物をまた買いたがる
・お金の用途を説明しない、ごまかしているように思える

二　家族と学校との連携のありかた

家族が子どもの様子からイジメのサインに気づいたとき、まず相談するのは学校である。家族としては学校の全面的な協力が得られることを望む。しかし、現実には、遊び仲間のじゃれ合いとして見過ごされ、特定の子どもの特殊な問題とされ、イジメとしては取り上げられない場合が多い。あるいはイジメに気づいても、学校が実態を把握しきれない場合も少なくない。

イジメに対する学校側の対応の悪さを指摘したものに、『いじめ撃退マニュアル：だれも書かなかった〈学校交渉法〉』（小寺やす子著、情報センター出版局、一九九四年）という本がある。内容が過激なために物議

をかもしたが、そのなかで、著者は学校との交渉を、「まずは担任に会う」、「いじめはまだ続いている」、「担任が頼りにならない」、「ついに校長に会う」、「それでもいじめはなくならない」、「情報公開制度を活用する」の六つのステップに分けて、親に対応法を説いている。いじめの事実を記録し、記録に基づいて学校と話し合うなど具体的な示唆も多いが、内容には学校でのイジメの取り組みへの世間一般の不信感が反映されているように思える。

たしかに、子どもの自殺などイジメによる悲惨な事件には学校側の対処のまずさが認められる。そのため、文部省（現文部科学省）は「いじめの問題に関する総合的な取り組み」と冠した通知（平成八年七月二六日文初中第三八六号）を各都道府県に送付し、学校のイジメへの取り組みの改善を促している。その通知の中で、学校の基本的なあり方として、「子どもの立場に立った学校運営」、「開かれた学校」という二つの改善点が強調されている。裏を返せば、これまでの学校の運営の管理規則に縛られた画一的な対応、排他的で閉鎖的な体質が、イジメへの不適切な対応の一因であったことを意味している。

このような問題はいまだ解消されていないが、だからといって学校の協力なしに家族がイジメに立ち向かうことはできない。家族にとって学校はイジメを最初に相談する場であり、学校とよりよい連携を作ることが第一歩である。そのためには、まず学校がどういう組織であるかを知らなければならない。

1　学校という組織の特徴

我が国の公立小中学校は、都道府県や市町村教育委員会の指導下で、校長を頂点とした上意下達の組織構成になっている。また学校運営の方針は、児童生徒の出欠席の管理から卒業証書の様式まで、こと細かく規定された学校管理規則にのっとっている。このように学校は極めて組織的に階層的に管理されている。しかし、児童生徒のひとりひとりの管理となると、それは担任教師にゆだねられ、学校全体としては十分に把握されていない。学級はあたかも独立したいわば担任が統治する「学級王国」となっており、そのため外からクラスの中が極めて見えにくい構造になっている。

学校がうまくイジメに対応できないのは、このような組織と構造のために学校運営と学級管理の二重の閉鎖性をもつためである。先述の『いじめ撃退マニュアル：だれも書かなかった〈学校交渉法〉』もこの閉鎖性に対処するものである。また後述する新たな相談機能の教育現場への導入はこの閉鎖性への対応であり、学校を「開かれた」ものとするための施策である。

ところで、学校には校内分掌とよばれるさまざまな役割分担が教師に与えられている。たとえば教育計画の立案などを担当する教務主任、当該学年の連絡調整を行う学年主任、学級を超えて生徒の指導を担当する生徒指導主事、保健や安全に関する事項を担当する保健主事などである。これらの役割分担によって閉鎖的になりがちな学級運営に横の繋がりをもたせている。しかし、実際には主任や主事の任期は一年限りのものが多く、取り組みは中途半端でおざなりになる傾向も生まれやすい。しかも、それぞれの役割に必ずしも適任者が起用されているわけではなく、たとえばイジメが起きてもこれらの職務が機能しにくいのが実情である。学校のイジメの取り組みを改善するには、まずこの既存の組織を活性化し利用することから始めなければならない。

2　事例からみた教師の連携

では、実際にイジメの問題が起きると、学校はどのように対処し、校内分掌はどのように機能するのだろうか。ある相談事例からそれをみてみよう。

本事例は、知的障害のある弟の姉がイジメにあった事例である。筆者は弟の発達相談の際に母親から相談を受け、学校の取り組みの経緯を以下のように把握した。

〔事　例〕　小学校五年　女児

知的障害のある弟と姉は同じ学校できょうだい学年であった。イジメのきっかけは姉の五年生の春の運動会で起きた。弟は姉と同学年の男子生徒と、ある種目で同じチームとなった。その男子生徒は、その知的障害のある男児が本児の弟であることを、そのとき始めて知った。

その後、その生徒は姉（以下本児）を見ると「○○のおねーちゃん」と、弟の名を言って挨拶をするようになったという。本児はその男子生徒が自然にやめるのを待っていたが、この挨拶のしかたが他の生徒の間にひろがってしまった。他にも弟のことでの嫌がらせが、男子生徒を中心にして執拗に繰り返されるようになった。

本児は母親を心配させないために、このようなイジメにあっていることを隠していた。しかし、本児が弟のことでからかわれていることを、本児の担任が知るところとなり、学期末に職員会議で問題として提起された。だが、職員会議では、当事者である本人から訴えがないため、取りたててイジメとみなさなくてもよいのではないかという意見が優勢であった。会議の結論としては「きちんとした挨拶を心がけよう」と、クラスごとに口頭で指導することで終わった。イジメの発端となった事情や、中心となっている男子生徒については把握されないままであった。

そうなった背景には次のようなことも影響を与えた。つまり、本児は低学年の頃からクラスのリーダー的な生徒で、今回のようなからかいに負ける生徒ではないと多くの教師が思っていたことである。また、母親も本児を気丈な子どもだと信じており、本児がイジメにあっていたことを知らなかったためである。

二学期になって本児は朝になると不調を訴え、登校を渋るようになった。母親はまず弟が通級する特殊学級の教師にそのことを相談した。その教員は過去にきょうだいが同様なイジメにあって不登校となった生徒を担任したことがあり、母親に姉の担任に話し校内相談員部会で取り組むように頼んでみることを提案した。また自らも姉の担任と状況を話し合った。

母親から話を聞いた本児の担任は、校内相談部会を開催して本児の事例について検討することを申し出た。事例の学校の校内相談部会の構成は、教頭と当該学年の学年主任と保健主事と特殊学級の教師、そしてこれに関係する子どもの担任が加わって構成されることになっている。保健主事には保健室の養護教諭がその任にあたり、会のとりまとめ役である。これまでは、おもに障害のある子どもの問題行動やその処遇について話し合われ、イジメの問題で開かれることはなかった。

本児の担任は、以前の職員会議の状況を鑑み、まず姉から事情を聞き出すことが大切と考え、最初の校内相談委員会で養護教諭と相談した。養護教諭は母親に会い、まず本児を保健室に来室させることを決めた。

保健室にはいわゆる「保健室登校」の生徒がいて、本児が保健室に来室できることで本格的に不登校になるのを防ぐためであった。また養護教諭が本児に個別に接し、本児の不登校と以前の男子生徒のからかいとの関連を調べるためでもあった。

本児は保健室に通い始めてすぐに他の保健室登校の生徒と親しくなり、休み時間に遊びに来る女子生徒とも活発に遊べるようになった。養護教諭は保健室での子ども同士の会話や本児との直接の話から、運動会後の男子生徒の執拗な嫌がらせや、イジメがあからさまでないためにどう対抗してよいか判らなかったこと、二学期になっても同じようなからかいや嫌がらせがあって、弟が同じ学校にいることを本児自身がつらく感じ始めたこと、そのことを母親に言えなかったことを知った。

担任と養護教諭は母親に状況を話し、職員会議で再度本児への男子生徒のイジメの問題を提起した。会議では本児への嫌がらせの実態が具体的に明らかになり、教師全員がそれをイジメと認めるところとなった。その結果、中心となっていた男子生徒への指導もあり、本児への嫌がらせとからかいは無くなり、本児は二学期の終わりにはもとの元気を取り戻し教室に直接登校するようになった。

この事例で本児が学校を休むようになった原因はイジメだけではなく、障害のある弟をもった姉の精神的な負担が関連している。子どもに障害があると家族はその障害の状態に合わせて活動せざるをえない。きょうだいも両親に従ってその制約を自然に受け入れているが、思春期になるとそのきょうだいにこころの危機がおとずれることが多いのである。なぜなら自己の認識が発達するにしたがい、自分ときょうだいや親との関係をとらえ直さなければならず、きょうだい想いのよい子を演じきれなくなるからである。

イジメにあっている本人にとって、障害をもつきょうだいのことでイジメられることを家族に訴えるのは難しい。それは障害をもつ兄弟の存在を否定しているように親に思われないかと懸念するからである。この事例においても、イジメを誰にも相談できない状況はとてもつらいものであっただろう。その点がこの事例の特殊さと考えられるが、被害者のもっとも弱い部分への攻撃である点ではイジメの典型ともいえる。

3 イジメと校内の相談機能

家族にとって学校で相談できる人を見つけることは難しい。この事例の場合、たまたま弟のことで相談していた特殊学級の教師がいたことで、母親は担任と相談ができ養護教諭の力を借りることができた。また、担任と特殊学級の教師の計らいで休眠状態であった校内の相談部会が開催され、イジメと本児の不登校の問題を解決することができた。

しかし、多くのイジメの場合、家族の被害者意識がかえって学校との連携を難しくする場合が少なくない。学校は、児童生徒を公平に扱うことが原則であり、安易に被害者の側の主張を受け入れられないからである。そのためイジメのはっきりとした証拠がないかぎり学校は対処しない傾向がある。本児の場合も最初は多くの教師が男子生徒のからかいを深刻には受け止めていなかったようである。そこで、家族からの被害の訴えが思い過ごしとして処理されかねないためには、学校の中で誰に相談すべきかを見つけることがイジメを解決する重要なポイントとなる。

また加害者を追及するだけではイジメの解決の方法にはならない。被害を受けている子どもの心のありようを知り、そこに生じている混乱を受け入れる空間と時間的なゆとりが必要である。その点この事例では、保健室が一時的な避難の場所となり、養護教諭が子どもの心を開く役割を担った。養護教諭は校内の児童生徒の健康管理や事故の応急処置を主な仕事としていたが、現在イジメをはじめとして不登校などさまざまなこころの問題への対応にとって欠かせない立場となっている。養護教諭が児童生徒の相談者の役割をとる例は珍しくなく、イジメの問題に他の教師と協力して取り組むうえで、重要であることを認識しておく必要があろう。

4　学校の新たな相談機能

現在、学校で起きる問題の多くは教師だけでは解決できず、子どもの精神的な問題を専門とする職種の導入が必要となっている。そのため、近年、公立小中学校にスクールカウンセラーや心の教室相談員とよばれる相談機能をもった職種が派遣されるようになった。いずれも非常勤で週に数日の勤務であり、現在のところ主として公立中学校に配置されている。また、子どもがゆとりを取り戻せる空間作りも各校で実践されている。少子化により学校には空き教室が増え、そこを相談活動や子どもたちの憩いの場として活用している学校が多い。たとえばスクールカウンセラーの相談室やこころの教室である。

公立学校にカウンセリングの専門家が配置され専用の相談室が設置されるのは初めてのことである。これらの専門家の配置状況は各自治体によって異なり、活動の内容は一様ではないが、先の養護教諭とともに学内のイジメやその他の精神的問題の防止に実績をあげつつある。これらの相談機能は学内にありながら、これまでの学校や教師の立場からでなく、子どもを中心としまた家族の立場に立った相談ができる点で、イジメの解決を求める家族にとって頼もしい存在であるといえる。以下にそれぞれの職種の内容について説明しよう。

① スクールカウンセラーとはなにか

イジメや不登校などの心の問題に対処するために、平成七年度に文部省はスクールカウンセラーの公立中学校への派遣を試験的に導入した。カウンセラーの多くは臨床心理士（臨床心理士認定協会資格）や精神科医、大学教員などである。国の予算以外に県や市町村独自の予算でスクールカウンセラーを雇用している自治体があり、配置の実態は全国でさまざまであるが、ほぼ週に数日勤務し、主に配置された学校の児童生徒、教職員及び保護者からの相談を受けている。スクールカウンセラーは校内で子どもや家族との面接や相談を行うが、必要に応じて学外の専門機関との連携を図って問題に対応している。全校配置ではないため配置されていない学校もあるが、必要があれば他校のカウンセラーへの相談も可能である。

② 心の教室相談員とはなにか

平成十年度半ばに文部科学省は、教職経験者や青少年団体指導者など地域の人材を「心の教室相談員」として、公立小中学校に配置した。心の教室相談員はスクールカウンセラーと同様に非常勤職員で各学校に週に数日勤務している。スクールカウンセラーと異なる点は、予防的な活動を重視して導入されたところである。活動の場所は空き教室をそのまま利用し、学校のなかでのゆとりとくつろぎの場として開放的に設定されることが多い。児童生徒は昼休みなどに自由に出入りでき、相談員はそのかかわりのなかで、子どもたちの日常的な悩み事の話し相手の役割を果たし、問題が潜在化し深刻になるのを防ぐのに役立っている。相談業務よりも心のゆとりを与える環境としての意味が大きく、そのため保護者からの相談は受けつけない場合が多い。

三　家族は相談機関をどう利用すべきか

イジメにあうことによって、子どもの心にさまざまな問題が生じる。そのもっとも深刻なものが子どもの自殺であろう。イジメが自殺の原因のすべてではないが、子どもの自殺と聞くとすぐにイジメを連想するほど、私たちにとって衝撃的であり大きな不安を与えるものである。自殺ほど悲惨ではないが、不登校もイジメの問題と関連が深い。不登校事例の多くが何らかのかたちでイジメを経験しているという。また年々その数が増加している点で自殺と同じくらいに深刻な問題である。

1　イジメと不登校

不登校とは理由なく子どもが学校に登校しない状態を総称する言葉である。以前は学校恐怖症と呼ばれ、子どもの神経症のひとつと考えられた。また登校を嫌がることから登校拒否症ともよばれたことがあった。しかし、不登校の原因は一概に神経症的な状態ばかりでなく、近年では、怠学に近い遊び型の不登校、登校する意志がありながら頭痛や腹痛や発熱などの身体症状のために登校ができない状態など、その原因や状態は多様である。そのため、それらを総称して不登校という呼び方が用いられるようになった。

子どもが学校を休む原因のひとつにイジメの被害があると考えられるが、子どもはイジメによって必ずしも登校を渋ることはない。イジメられても登校をせざるをえない事情が子どもにはあるのであるのかもしれない。ある不登校の事例は、イジメられていた当時を振り返って、学校を休まなかった理由を「クラスで意地悪をされるのは厭だったけど、学校を休んでいる間にひどいことを言われ、前よりも仲間はずれにされるような気がした。休みたくてもそれが怖くて休めなかった」と語っている。この事例は、その後親の転勤にともなって転校し、転校した中学校在学時に長期にわたって学校を休むようになり相談にきた事例である。

この事例のようにイジメにあっているときに学校へ行き続ける状況は、イジメの被害者に共通するであろう。イジメられつつも学校へ行こうとする動機は、被害者の同世代の子どもたちから脱落することへの恐怖心である。イジメる側にいる子どもが被害者に攻撃を執拗に続けることができるのも、この恐怖心を利用している。また被害者にとってはイジメ仲間でも、それが親しい友人のいる集団であることも多い。イジメと不登校の問題を考えるときには、イジメの被害者に仲間集団を求める気持ちと、イジメを避けるため学校を休めばその集団を失うかもしれないという葛藤があることを理解しなければならない。またイジメのために不登校となった子どもには、イジメの状況を自らの力で解決できなかったことで、同世代の集団から落ちこぼれてしまったという感覚が強い。それは一種の挫折感であり、その後の適応に大きな障害となりうることにも注目しなければならない。

そのことについて先述の事例は次のように語っている。

「転校して学校に行こうと思っても、自分から友だちを作れなかった。自分も相手に同じようなことをすることもあったから、イジメられているときはそれがイジメだとは思ってなかったんだと思う。イジメられているときに学校を休んだのは、イジメが厭っていうより、なにか面倒、何してもつまらないというか、学校が面白くなくなって自分から行かなくなった感じだった。それが中学になってほんとの不登校になってから、お母さんや先生たちにイジメにあったから、学校に行けなくなったって言われたりして、自分でそれを言い訳にしてた。高校にはいって友だちができるまで、ずっとそういうふうにしてた。学校へ行けなかったのは本当は自分のせいだったのに。」

事例がこのように当時のことを語ったのは、通信教育に進学し定期的な相談が終了したときである。ある程度自信がもてるようになって過去を冷静に振り返るゆとりができているが、イジメにあって不登校になったことへの挫折感は大きい。

このように学校へ行かないことで子どもは失うものが大きい。できればイジメによって学校を休ませることは避けたいものである。しかし、イジメの一時的な回避方法として、イジメにあっている子どもに、学校を休ませることもイジメの解決の過程ではやむをえない場合がある。イジメが沈静化しない状況の中で、平成八年、文部省（現文部科学省）は各都道府県の教育委員会への通知「いじめの問題に関する総合的な取り組み」のなかで、イジメにあっている児童生徒の欠席を緊急避難として認めている。イジメの場合、不登校でもいわば文部省のお墨付きをもらったような形であるが、イジメの被害者に学校を休ませるにあたっては、イジメを回避するだけでなく、解決へのある程度の見通しがなければならないだろう。

家族は学校を休ませる理由を担任や学校の管理者に伝え、イジメへの緊急避難であることを明確にしておくことが大切である。学校には再登校までにイジメの実態を十分に調査するよう要請し、そのため必要な期間に限って欠席するとよい。被害者が学校を休むことによって、学校や学級が変化しなければ意味がないからである。被害者の欠席は解決方法ではなく、実態把握や環境改善のための学校の努力を促す手段であることを忘れてはならない。

子どもには、欠席が仲間や学級やイジメ集団からの逃避ではなく、問題解決のためのひとつの手段であることが理解できるように、家族や学校の取り組みを十分に説明しなければならない。もし子どもが休むことを躊躇するときや、再登校後にイジメが激化することに怯える場合には、学校を休むという方法をとることには慎重でなければならないだろう。

イジメのためにやむをえず学校を休む場合でも、子どもは同年齢の集団からの落伍感や集団適応への努力や忍耐を放棄したという挫折感をもちがちである。そのため地域の子ども向けのスポーツや文化サークル、町内の子ども会、ときには学童保育やフリースペースなど、子どもが学外で楽しく所属できる集団をあらかじめ検討しておくとよい。いつ学校へ復帰するのかわからず、その不安をもったまま家庭内に閉じこもる生活は不健康であり、その後の長期に及ぶ不登校につながりかねないからである。

2　親が相談する際の心得

万が一不登校になった場合、あるいはイジメによって子どもに何らかの心の変調が認められた場合、学校以外の相談機関に相談すると問題の解決に有効な場合が多い。現在イジメに関して相談できる機関は多い。

たとえば、電話では市町村の教育委員会で「イジメ一一〇番」など電話による相談を受け付けている。インターネット上にも相談できるサイトが多数ある。また、非行が絡む場合、警察署の青少年課でも相談を受け付けている。しかし、イジメから不登校など他の精神的な問題へと波及しそうなときには、広く子どもの心の問題を対象に相談を受ける機関を利用するほうがよい。たとえば、校内のスクールカウンセラー、各市町村の教育センター、都道府県の児童相談所などが比較的容易に利用できる機関であろう。

しかし、悩み事はなんでもそうであるが、どんなに心配でも実際に他人に打ち分けるとなるとかなりの勇気がいるものである。そのため、取り越し苦労ではないか、思い過ごしではないかと迷っているうちに、相談の適切な時期を逸してしまうことが多い。イジメの場合、被害に合うことがさほど頻繁でなく、イジメの兆候をとらえにくいときには、なかなか相談のきっかけをつかむのが難しいのが現状であろう。

イジメの問題で相談の好期を逸してしまった例には、次の要因があるようだ。まず、我が子がイジメにあっていることを、担任以外の他人に知られたくないという傾向である。「担任と話し合って解決できれば」と望むのは自然なことだが、いったん担任にイジメの事実を否定されるとそのままになってしまうことが多い。あるいは、子どもに精神的な強さを期待し、イジメをあえて見ないようにしていた親もいる。「新しい靴を汚されたのは知っていたけど、それくらいのことで負けていたら将来やっていけないと思った」と話した母親は、自分自身が同じような経験をはねのけてきたと自負しており、それくらいの強さがないとこれからはやっていけないと思ったと述懐していた。逆に子どもへの一途な愛情と甘さが、かえってイジメを第三者に見えにくくする場合もある。イジメの事実関係を訴えず、子どもをいじらしく想う親の心情を訴えるのである。このような家族の場合、最初に相談に行った機関では、親の不安があまりにも強いために、子どもの問題を親の思い過ごしとして扱われた例が多い。

これらの要因は特殊ではない。いずれもイジメの兆候に気づきながらも、初期の適切な対応を失ってしまう原因となる。イジメが特定の子どもをターゲットに日常化したときには、子どもの状態は深刻になっている可能性が高く、イジメの兆候に気づいたならば家族は速やかに相談機関を利用すべきであろう。上手に相談機関を利用するためには、次のようなポイントが重要である。

① イジメの責任の追及ではなく、解決の方法に重点をおくこと

イジメの相談にくる家族のなかには、加害者を批判し学校の責任ばかりを訴える例がある。たしかにイジメの責任の一端は、加害者の子どもの家族、あるいはイジメを見過ごしている学校や担任にもありうる。

確かに、子どもにイジメの是非を教えるのは親であり、イジメの発生を予防するのは学校である。しかし、子どもの成長過程でイジメを一掃することは難しく、大人がどのように注意していても子どもの世界の片隅で起こり続ける。日頃、注意していても親がそれを見過ごしてしまう場合もありうる。また、それなりに取り組んでいても、学校がイジメを発見できないこともあろう。

イジメに関して加害者に非があるのは明確であるが、今そこにイジメが起きているときに、相手方の責任を追及するのは利口なことではない。協力を求めるべき相手を、いたずらに防衛的にしてしまうからである。イジメを根本的に解決するには、イジメの加害者である子どもを含め、子どもたちの環境を変えるための具体的な方策をたてなければならない。そのために学級や学校とともに、お互いの家族が協力してとりくまなければならない問題である。

② 相談機関の守秘義務を理解し信頼すること　一般に公的な相談機関には守秘義務と言われる責任がある。守秘義務とは相談内容をむやみに他人に伝えてはならないという原則である。イジメの相談においても守秘義務があることは例外ではないが、イジメの場合、学校との連絡や他の家族との話し合いは欠かせない。その過程で、事実関係を確認、被害にあっている子どもの状態、家庭の事情をオープンにしなければならない状況も生じる。そのため、家族としては守秘義務に拘らず、相談機関の相談員が学校に連絡する際には、相談の経緯や相談内容についてどの程度相手に伝えるかは相談員を信頼して任せることが大切である。

家族にとって相談機関が信頼できるかどうかを判断するのは難しい。イジメの問題においては、相談員は単なるカウンセラーではなく、子どもと家族のアドボカシー（代弁者）、つまり相談機関は相談の依頼者の権利と主張を代弁する役割をもつといえる。この役割と立場を相談機関や相談員自身が十分に認識しているか否かが、家族がその相談機関を信頼する際の判断基準となる。

③ イジメに関わる事実を明確に伝えること　イジメの相談の場合、家族は感情的になりがちである。イジメが心の傷にならないか、加害者の子どもや家族が憎い、どうして学校は甘い対応しかしてくれないのか、不安や怒りや憤りがイジメの訴えには交錯する。イジメの相談では、家族のこの想いに相談員が共感し家族を支えることが大切だとされる。しかし、単にそれだけではイジメは解消しない。相談員は、錯綜する感情を整理し、親が冷静さを取りもどすことに尽力する。親は、できるかぎり感情を抑え、冷静さを保って相談に臨まなければならない。そうしないと相談員にイジメの実態を正確に伝えることができないからである。

イジメのサインから、子どもがイジメられていることを知ったときに、できるだけ努力し、細かいことでも記録しておくことが、冷静さを保つのに役立つ。記録しておくべきことは、たとえば、イジメの状況や子どもの気持ちだけでなく、その出来事が起きた日時や場所やそこに誰と誰がいたのかなどである。子どもから冷静にイジメの状況を聞き取ることは難しいが、相談員が家族の代弁者となってイジメの解決を助けるには、このような資料が大変役立つので、ぜひ家族は実態の把握に力を注いでほしい。

以上、家族がイジメのことで相談する際の心得について三つのポイントを挙げた。しかし、とくに心がけなければならないのは家族の自律的な態度であろう。問題の解決を相談機関にゆだねるのではなく、相談機関に頼りながらも、相談機関を利用し自分たちの考えや互いの意志を確かめる姿勢が大切である。

編集を終えて

編者　中田洋二郎

イジメと家族の関わりについて扱うこの巻の編集を引き受けたとき、とても微妙で扱いの難しい問題を抱えてしまったと感じた。しかし、家族の関係でイジメを考察することはイジメブックシリーズで欠かせないテーマであるとも思った。摑まえる力が弱ければ風に飛ばされ、少しでも強ければつぶれてしまう紙風船を扱う心境であった。

イジメが成長過程のひとつの出来事としてとらえられ、子どものイジメがこれほど深刻な社会問題ではなかった時代には、イジメの加害者の子どもやその家族が非難されるばかりでなく、被害者やその家族にも批判的な視線が向けられていたように思える。「イジメられる子どもは性格が弱く、またそういうふうに育てた親は甘やかしすぎる親」という図式が、市井の人の物の見方であった。

しかし、イジメが深刻化していく過程で、イジメ問題の根元が教育や社会価値の変化にあるのだと人々が気づきはじめ、イジメに関わる家族の見方も次第に変わっていった。深刻なイジメの事件が頻繁に伝えられるにしたがい、「自分の子がイジメにあうはずはない」、「我が子は人をいじめるような子ではない」という信念は崩れ、ほとんどの親たちはイジメを我が子の身にも起こりうることと感じるようになった。とくに、子どもがイジメを苦にして自殺を計り、両親が悲嘆にくれる様子が報道されると、我が胸の奥に悲しみと怒りの痛みを感じる親も多いと思う。

イジメが社会問題であり、親の心を深く傷つけるという認識ができたからであろうか、世間はいつしかイジメの当事者の家族について語らなくなった。とくにイジメで自殺した場合、その家庭の事情を詮索することはタブーとなっている。しかし、人々の本心はイジメの事件に関わった家族についてもっと知りたいのではなかろうか。単なる好奇心ではなく、同じ事が起きないために、家族としてどのように子どもを育て接していったらよいか、真摯に知りたいのである。

この巻では、イジメを視点として子どもの育ちと家族のあり方についてとりあげた。それは子どもがイジメの加害者や被害者にならないために、あるいは同じことを繰り返さないために、どうしても子どもの心の育ちと家族について語らなければならないからである。イジメの当事者である家族を傷つける意図はないのだが、その内容によってはイジメに関わった子どもの家族に苦い後悔の念を抱かせることもあるだろう。冒頭に述べたように、家族について論じることはとても難しいことであり、編集するにあたっては勇気を要することであった。

執筆にあたった著者らも、傷ついた家族をさらに傷つけることを懸念しつつ、筆をとったに違いない。執筆者は、皆、精神保健に関わる臨床の実践家である。巻を通してイジメを経験した家族への臨床家の配慮が読みとれる。また、それでいて、それぞれの担当の部分において欠かせない知見と考察が忌憚なく述べられてもいる。

全ての章に共通するところは、イジメへの対処、またイジメの発生予防とその後の精神的な不適応の予防、そのために子どもの心の発達を理解し、それへの家族の関わりを理解することがいかに重要かという指摘であろう。それらのことは、執筆者のそれぞれの言葉を借りると以下のように要約できる。

家族は個人がその中で成長する器であり（第一章）、そこで子どもは「私も重要である。あなたも重要である」という人間関係のバランスを学ぶ（第二章）。しかし、親も一人の人間として不完全な存在であり、子どもの成長を支えていくためにも、親をいかにサポートしていくかが大きな課題となっている（第三章）。イジメや不登校などの問題に関わる親、教師、治療・援助スタッフなどの大人は、子どもを自殺に追い込むことなく支え続けるために、イジメの長期的影響も視野に入れて関わっていくという姿勢を求められている（第四章）。

現在のイジメはもはや子どもの世界の事件ではなく、社会全体の問題を反映した社会的な現象といえる。しかし、そのような状況においても、前述のようにイジメは家族の問題と深い関わりをもっていることを、読者の多くに理解していただければこの巻の役割が果たせるといえよう。

発刊が大きく遅れたことに編者として心苦しく、また大変に申し訳ないことと思っている。その点、信山社の村岡侖衛さんにご苦労をおかけし、また格別のご配慮をいただいたことに深く感謝したい。

また、第二章をご執筆いただいた国谷誠朗先生が昨年に他界され、この巻の完成を生前にご覧いただけなかったことは編者の責任であり、心より深謝の意を表したい。また、先生に代わり最終稿に目をとおしていただいた奥様に感謝の気持ちとご哀悼の意を謹んで表したい。

イジメブックス
編集委員紹介

＊　読者へのお願い　執筆者と編集者の参考にいたしますので，「ご意見」や「ご報告」を信山社編集部宛に送ってくださるようお願いします。

イジメブックス　イジメの総合的研究　2
イジメと家族関係

初版第1刷発行　2003年7月10日

編　者　中田洋二郎

発行者　袖 山 貴＝村岡侖衛

発行所　信山社出版株式会社

〒113-0033　東京都文京区本郷6-2-9-102
TEL 03-3818-1019　FAX 03-3818-0344

印刷・製本　エーヴィスシステムズ

ISBN4-7972-5132-8　C3337